家事沧桑

——外公外婆家族的百年老照片

（增订版）

郑建邦 / 著

团结出版社

图书在版编目（CIP）数据

家事沧桑：外公外婆家族的百年老照片 / 郑建邦著.
-- 北京：团结出版社，2019.6（2024.1 重印）
ISBN 978-7-5126-7151-5

Ⅰ.①家… Ⅱ.①郑… Ⅲ.①家族–史料–中国–摄影集 Ⅳ.① K820.9-64

中国版本图书馆 CIP 数据核字（2019）第 119685 号

出　　版：团结出版社
　　　　　（北京市东城区东皇城根南街 84 号　邮编：100006）
电　　话：（010）65228880　65244790（出版社）
　　　　　（010）65238766　85113874　65133603（发行部）
　　　　　（010）65133603（邮购）
网　　址：http://www.tjpress.com
E-mail：zb65244790@vip.163.com
　　　　　tjcbsfxb@163.com（发行部邮购）
经　　销：全国新华书店
印　　装：北京雅昌艺术印刷有限公司

开　　本：185mm×260mm　16 开
印　　张：12.5
字　　数：170 千字
版　　次：2019 年 6 月　第 1 版
印　　次：2024 年 1 月　第 4 次印刷

书　　号：978-7-5126-7151-5
定　　价：99.00 元

序　言

郑建邦

　　《家事沧桑 —— 外公外婆家族的百年老照片》（原名《一个家庭的故事》）一书，即将由团结出版社再版发行了。

　　这部图集收录了我的外公外婆焦实斋先生、金一清女士及他们的家庭自1915年左右至2015年整整一百年的家庭生活照片。

　　近现代以来，我们的祖国历经战乱和动荡，数不清的中国家庭遭受到难言的坎坷和浩劫。外公外婆所组成的这个经历了无数曲折的普通中国家庭，能以照片的方式，基本完好地保存了一百年的生活记录，确实是少之又少的。这对于今人和后代进一步了解国家的过去和今天，应该具有一定的帮助吧。

　　从晚清、民国一直到中华人民共和国的诞生和成长，许许多多的中国人都具有着强烈的家国情怀。事实上，家与国确实是息息相关的。

　　自1840年鸦片战争以后，中国一步步沦为半殖民地半封建社会，中国人民在忍受国内黑暗、专制统治的同时，又屡遭外国列强的侵略和欺凌，水深火热的生活苦难、亡国灭种的民族危机，煎熬着一代代的中国人。在那个年代里，饥馑、逃亡、战争、杀戮，几乎成为所有中国人的生活记忆！同时，也有无数中国的志士仁人，为了改变祖国的命运，挽救民族危亡，屡仆屡起，奋起抗争，探索、失败、战斗、牺牲，最终一步步走向胜利和光明，也是近现代中华民族历史的真实写照！

　　外公外婆的一生，历经晚清、北洋政府、南京国民政府和中华人民共和国，他们和他们子孙们的生活，始终与祖国的命运联系在一起。

　　外公外婆那一代人风华正茂时，与现在的年轻人一样，对国家发展的前景和自己未来的生活，也曾有过美好的憧憬和期盼，中国的社会现实却一次次地让他们痛苦和失望。

　　辛亥革命一举推翻帝制，原以为在民国的治理下百姓们可以过上安定的日子了，迎来的却是北洋军阀之间的连年混战。国民党取得北伐战争的胜利，中国大陆形式上完成了统一，包括外公在内的许多爱国知识分子，认为中国已经具备了遵循和实施孙中山先生遗训的社会条件，开始进入真正意义上的民主共和时代了。现实却让人大跌眼镜，国民党内各派系军事势力的相互倾扎和战争，比之北洋军阀有过之而无不及，战火和灾荒遍及中原大地，"白骨露于野，千里无鸡鸣"，人民的痛苦难以言状！抗日战争全面爆发后，祖国的大半壁江山沦陷，人民流离失所，死亡载道。外公随军抗日，外婆被迫独自一人带着四个孩子秘密离开北平，辗转奔波数千里，逃亡大后方。一路上的艰困、危难是今天的人们很难想象的，但在那个时代，外公外婆一家人的遭遇，却是无数中国百姓家庭的真实缩影！抗日战争终于获得惨胜，中华民族迎来新的生机，蒋介石领导的国民党政权却悍然发动内战，再次将国家推入苦难的深渊！直到1949年中华人民共和国的诞生，外公外婆才真正看到了祖国的光明未来，自己的家庭也过上了幸福安定的生活。尽管我们在社会主义革命和建设的探索中出现过一些曲折和偏差，但他们坚信，中国只有在共产党的领导下走社会主义道路才是唯一正确的选择！

　　为了便于读者朋友们阅读，我不妨在这里先对我的外公外婆作个简介。

　　1899年，我的外公焦实斋先生出生于河北井陉的没落地主士绅家庭。1923年，聪颖、勤奋的外公从北京高等师范毕业后，由于学业优异，被分配到北洋政府交通部天津扶轮中学教授英文，月薪高达120块光洋。不久，他即与外婆相识、相恋，很快结婚了。年轻的外公并没有沉溺于自己小家庭的美满生活，相反却干起了有被杀头风险的行当，成为国民党左翼秘密组织新中革命青年社的骨干成员。在国民党北方执行部领导人李大钊、高仁山等被北洋军阀残害后，外公外婆在天津日租界的家，成了国民党河北省党部的领导机关，外公还担任了武汉国民政府与北方国民党组织的秘密交通员。这期间，外公几次历险，却都化险为夷；北伐成功后，外公不满蒋介石集团专制统治，与张清源、何思源等人在国民党"三大"会上带头反蒋，被蒋介石开除了国民党党籍；1937年抗日战争全面爆发后，外公毅然舍弃优渥的教授生涯，冒着日军的炮火只身南下随军抗日；抗战期间，外公先后出任中国远征军、中国驻印军驻印度加尔各答办事处主任，负责与英美盟军的联络事宜；抗战胜利后，外公应挚友杜聿明将军之邀，一度担任国民党东北保安司令长官部总顾问。但他很快就发现国民党政权腐败无能，已经不可救药了，便辞官回到北平，继续他的教授生涯。其间，蒋介石曾当面邀他担任国民党北平市党部主委，外公以早已不是国民党员为由谢绝了。北平和平解放前夕，傅作义将军邀他担任华北"剿总"副秘书长，协助其完成北平和平解放的相关工作。北平和平解放后，外公作为傅方三位代表之一，参加了由叶剑英同志领导的北平联合办事处，为北平的和平移交作出了贡献；中华人民共和国成立后，外公以满腔的政治热情投身于社会主义革命和建设事业，先后担任政务院参事，国务院法规编纂委员会副主任，全国政协委员、常委，民革中央监察委员会副主席等职。他几十年如一日，工作认真努力，受到党内外同志的好评。

外公一生都保持着一位正直的爱国知识分子的本色。他有学识，见多识广，与人打交道、办事情的能力很强，据说口才也相当好。外婆说外公在大学当教授时，他一讲课教室里就常常爆满，连窗台、过道都挤满了听课的学生。

如果用老百姓的标准衡量，外公算是一位很有本事的人了。我却认为，他最为可贵的，应是一生注重做人的大节。

余生也晚，我只熟悉晚年的外公。

在我眼中，慈祥的外公喜怒哀乐皆在脸上，遇事似乎还有几许脆弱，与性格刚强果敢的外婆刚好相反。此外，以小孩子们的眼光来看，外公胆子小着呢。譬如，他怕过大的声响，过年都不准我们在院子里放鞭炮。他尤其怕小动物，凡猫狗鸡鸭之类的动物都唯恐避之不及。外婆一生爱猫养猫，外公有天起床，脚往拖鞋里一伸，觉得有毛茸茸的一团东西，定神一看，原来是只小猫缩在鞋窝里取暖，惊骇的他送声大叫："一清，一清，快，快把猫拿走！"还记得我小时候一个夏日的晚饭后，家人在屋廊下与外公外婆围坐着谈天纳凉，忽然一只大螳螂从园圃里蹦到了外公身上。老爷子骇极，挥舞着蒲扇胡乱拍打，状极滑稽。"文革"期间，我和弟弟第一次从东北来京小住，外公搂着劫难后的外孙们伤心落泪，外婆却很淡然，似乎这个家庭什么事也没有发生过。及我长大成人，知道了外公这辈子干过的一些大事，却很难把这些大事与眼前的外公联系在一起。

然而，纵观外公一生，貌似有几许脆弱的他，每临大事从不糊涂：你说他连猫狗螳螂都怕吧？他却不怕杀头，敢在杀人不眨眼的北洋政府眼皮底下做国民党北方执行部的秘密交通员；你说他遇事有些脆弱吧？在抗战全面爆发时，他可以置个人与家庭生死于不顾，决然只身南下随军抗日；北平和平解放前夕，他坚拒蒋介石的拉拢，却冒着被国民党军统特务暗杀的风险协助傅作义将军起义。

凡此种种，如果简单地用"大智若愚"来形容外公其人，恐怕就失之准确了。依我看来，外公心中有对祖国的大爱，凡事有大是大非的标准和尺度。在国家民族利益面前，个人得失无足轻重。一个人总归把这些事想清楚了，处理明白了，就能抵御诱惑，有所取舍，人生也就不会犯什么大的错误。

毫无疑问，外公具备了这些品德和情操，这应该是他留给我们最为宝贵的精神财富了。

我的外婆金一清女士1908年出生在北京一个败落了的满族贵族家庭里。祖先孔武善战的基因和幼年时的贫苦生活，养就了外婆一生刚毅果敢的性格。尽管她识字不多，一生中绝大部分时间也都是做家庭主妇，却是一位极有胆识的女人。从年轻时支持外公从事秘密革命工作，到抗战时期一人带着四个年幼的儿女从北平辗转数省逃亡大后方，再到"文革"时与街道红卫兵对骂，她一生没有惧怕过什么困难，生活中也没有什么能压倒她的事情。

我小时候怕鬼，不敢一人在屋内睡觉。外婆告诉我："世上就没有鬼，你怕什么？"

"那万一有呢？"我小声嘀咕着。

"我会狠狠地打他！"

这是外婆最典型的性格。

论起这方面的胆略和气魄，在我们这个家族中，恐怕没有谁能超越外婆了。

另外值得一提的是，外婆自己的文化程度不高，却十分重视儿孙们的读书问题。我至今记得小时候，外婆看到我坐在屋廊下读书时脸庞上展现出的笑容。

当初，即使在抗日战争中艰困逃难的日子里，外婆也没有放松对子女们的读书要求。无论在成都，还是在重庆避乱，她都将儿女们读书的事情放在最重要的位置上。那时她租赁或购买定居之所，首要考虑的问题是孩子们上学读书是否方便。古有"孟母三迁"，外婆也许就是现代版的孟母吧！我的母亲和姨妈、舅舅们之所以都受过良好的教育，除了国家和社会的培养，很大程度上也应归功于我的外婆。

我还要说说外公外婆之间的事情。

外公外婆是几十年相濡以沫的患难夫妻。外公是教育家、政治活动家，除了为家庭提供经济来源，从来不理家事。外婆是这个家庭的真正守护者和经营者。抗日战争中外公一别八年，外婆带着孩子们先是在沦陷区苦苦煎熬，后又在逃难途中颠沛流离，对一位女人来说，这其中有多少艰辛，有谁能说得清楚？外公中年开始患有严重的糖尿病，"文革"中遭受迫害又导致双腿不良于行，依靠外婆无微不至的关爱和照顾，才得以活到88岁高龄。不过，外婆晚年脾气暴烈，外公每每迁就退让。开始我并不理解，甚至心中还为外公感到不平，后来自己年纪大了，对于老夫老妻之间的这些情感问题，开始有了真正的理解。我想外公心里应该很清楚，如果没有外婆，他的这个家庭早就解体了。对老伴迁就一些，也许就是一种精神或心理的补偿吧！

我说了以上这许多话，其实只有一个目的：通过这本图集的出版、再版，如果能够真实再现我们祖国过去的一段历史，真实再现在那一段历史中民众生活的蹉跎和苦难，以及快乐和希望，使生活在当下的人们，觉得有必要好好珍惜无数先烈先贤们为我们付出的牺牲，珍惜我们今天来之不易的美好生活！倘能如此，便是我最大的满足了。

最后，我要特别感谢我的大姨妈焦鼎文女士、三姨妈焦景文女士和小舅舅焦国新先生，他们对此书的重版给予了非常宝贵的支持和帮助。今年93岁高龄的大姨妈焦鼎文，视力已经不太好了，却坚持用娟秀的小楷，书写了整整十几页稿纸，详细回忆了当年外公外婆连同他们的家庭在抗战中的一些经历。这些珍贵的史料，如果没有及时挖掘出来，就会永远埋入历史的尘埃中去了。我的三姨妈焦景文女士今年也是87岁的老人了，却几次仔细阅读本书的清样稿，反复与其他亲友核实一些史实，纠正了书中的一些谬误。我的小舅舅焦国新先生，查找、翻阅了家中尘封多年的照片资料，为我提供了很多外公外婆家庭生活的珍贵照片，并对书稿提出了一些修改意见。对几位长辈这些弥足珍贵的支持和帮助，我诚挚地向他们鞠躬致谢了。

还要感谢团结出版社社长梁光玉同志对此书的喜爱和关注。作为一位资深出版人，他善于以敏锐的视角捕捉出版题材，并对出版呈现我国近现代历史的书籍作品持有自己的见解。他多次与我商谈此书的修订重版工作，还亲自担任此书的责任编辑。正是根据他的一些建议，我在初版的基础上，又花费了不少功夫，对此书的文字作了大量补充，借以能更加生动地反映出外公外婆及那个时代的人们所经历的生活画面。

需要说明的是，我是利用极少的业余时间整理此书的，加上自己见识粗浅，水平有限，书中恐怕还有不少谬误，敬请广大读者朋友们批评指正！

是为序。

2019 年五一国际劳动节于河北怀来

原　序

郑建邦

　　人过天命之年，常常忆起往事，而脑际间浮现最多的，却是已逝去的外公外婆慈蔼的音容。毕竟从儿时起，生活中的许多快乐，多缘自两位老人和姨妈、舅舅们所给予的浓浓亲情！翻阅着外公外婆留下来的已经发黄的老照片，心头总是泛起一种莫名的痛，却又难以罢手。因为，我只能用灵魂深处的思念，来细细咀嚼或感悟外公外婆曾给予的每一丝温馨！这，即是我出版这个集子的最初动因。

　　我的外公焦实斋先生，是一介书生，也是一位虔诚的爱国者。他一生历经晚清、北洋政府、国民政府和中华人民共和国，始终把自己的命运与中华民族的兴衰联系在一起。北洋时期，年轻的外公拥有每月 120 块光洋的优渥教员待遇，却冒着上绞架的风险，担任国民党北方执行部与国民党中央的秘密交通员；二期北伐后，身为国民党"三大"代表的外公，不满蒋介石的独裁，拒绝高官厚禄的拉拢，毅然与蒋决裂；抗战刚刚爆发，外公立即放弃舒适的教授生涯，随军抗日，抛下外婆和孩子们在沦陷区艰难度日；抗战胜利后，已经官拜国民党东北保安司令长官部总顾问的外公，看透国民党政权的腐败无能，不惜辞官，重回北平执教；北平和平解放前夕，已决意不再涉足官场的外公，为使千年古都不被战火吞噬，还是应他的好友傅作义将军坚邀，出任国民党华北"剿总"副秘书长，专门协助北平的和谈和城市移交工作；中华人民共和国成立后，外公以极大的政治热情，投身于社会主义革命和建设。

"文革"期间虽饱受摧残，却以自己最后的光和热，奉献给他挚爱的祖国。

出身于破落清朝贵族家庭的外婆金一清女士，虽识字不多，却是一位生性刚强、极有见识的中国旧式妇女。她与外公相濡以沫，共相厮守了一生。在那几乎无休止的动荡年代里，外婆以罕见的勇气和毕生的操劳，历尽艰辛地为外公抚育儿女，维系生计，努力营造着宁静、温馨的家庭港湾，成为外公一生事业和生活的力量源泉。

本集所收集的老照片，真实地反映了从20世纪初以来，外公外婆各个历史时期的家庭生活风貌，从一定意义上讲，也是当时中国社会生活的一个缩影。这，对广大读者了解和感受前人所经历的生活，大概会提供一定的方便。再者，外公外婆一生大部分时间生活在北京，本集收录的照片，也大多拍摄于北京，对于今人了解北京过去的风貌及市民生活，或许能有微小的帮助吧！倘能如此，这个集子的出版，就远远超出我的期待了。

岁月如川。长河之水汹涌而至，又奔腾向前。我凝视着眼前的这些老照片，多想将外公外婆与窗外明媚的春光一同留住！思绪间，他们却仿佛化作了清澈的泉水，汇入江海。我努力找寻，仍是徒劳，唯见无数激荡着如珍珠般的晶莹浪花，相互追逐，流向天际……

2009 年初春于北京

目 录

外公外婆的

青春岁月

　　从外公出生的 1899 年到抗日战争全面爆发前的 1937 年，中国社会一直处在急剧的变迁之中。晚清王朝的昏庸、腐败，最终导致了自身的灭亡。1911 年 10 月 10 日，武昌城头的清脆枪声，催生了亚洲第一个民主共和国——中华民国。但是，中国的现状并未因此而发生根本的改变，皇帝倒台了，继以群雄竞起、军阀割据，外国列强则勾结反动军阀伺机瓜分中国。蒋介石执掌的南京国民政府后来虽然在形式上完成了北伐，大致实现了中国大陆的"统一"，但这个政权却未能解决中国社会的根本矛盾。蒋介石推行"攘外必先安内"的错误政策，对外妥协退让，对内则发动"剿共"战争，使日本帝国主义在中国屡屡得逞、步步紧逼，最终发动了全面侵华战争，中华民族面临着空前的民族危机！外公外婆就是在这样的年代里走过了他们的青春岁月。为了寻求真理，拯救国家，年轻的外公曾冒着被杀头的危险从事革命活动。但北伐的胜利，却给他精神上带来巨大的迷惘，由此脱离了曾为之奋斗的中国国民党。

我的外婆金一清女士（右一）和他的父亲（中）及兄（左）合影

　　1908 年，我的外婆金一清在北京出生。外婆的家世曾经很显赫。作为满族镶黄旗后裔，外婆的祖父官至清军统领，祖母则因精通诗书，尤擅以双手同时书写福寿二字，颇受慈禧太后青睐，时常入宫侍驾。外婆的父亲毕业于清军讲武堂骑兵科，入仕后官居四品。据说官位虽不太高，权力却很重。作为满族后裔，外婆的父亲精通满文，也能讲满语。在当时也算是文武通才吧。

　　据外婆讲，她的父辈共兄弟四人，父亲居长。四兄弟在北京宣武区（现属西城区）象来街一个叫月台大门的地方毗邻而居，每人都居住在带花园的院落里，他们的居所对面，是袁世凯的第六子袁小六的宅邸。可见当时的生活是很优越的。但清王朝倾覆后，外婆一家顿失经济来源。她的父亲不善持家，却嗜赌成性，以后又沾染毒瘾，遂使家道迅速中落。

生活窘迫后，外婆的父亲只能卖掉房产，携家小搬进贫民的陋宅居住，但其毒瘾、赌瘾却始终戒除不掉，不时将家中物品送进当铺，最后连衣服都当光了。外婆的母亲再也无法忍受，只能带着年幼的外婆出走，在石驸马后宅另外租赁了一间小屋，靠养鸡卖鸡蛋和为人帮工过活。这间房屋的主人刘子方先生，时任河北高中的总务主任，后来竟成了外婆和外公的婚姻介绍人。

由于年代久远，外婆在世时又不愿提及这段往事，我们对外婆这一时期的生活知之甚少，仅从母亲口中，略微了解到外婆小时候，家中已经沦为赤贫。最近，有机会与母亲的大姐、已经 93 岁高龄的大姨妈焦鼎文先生忆及往事，却意外地了解到更多信息。

大姨妈说，外婆之上，还有一个姐姐，一个哥哥，可能是父母近亲结婚的缘故，两个人精神都不太正常。大姐很早就嫁人了，哥哥疯病较重，只能留在其父身边。外婆的父亲没有谋生能力，一身恶习又无法改掉，父子俩只好栖身在当时政府免费提供的贫民住处，靠沿街乞讨过活，根本谈不上对外婆母女的照料了。及外婆年纪稍长，经人介绍进入北京东交民巷一家德国人开的医院做护士，生活才略有保障。

外婆结婚后，因外公在天津教书，便接母亲一起到天津日租界居住。外婆的母亲很自尊，1926 年大姨妈焦鼎文出生后，她主动提出照看外孙女，不在家里吃白饭。本来生活可以这样安稳地过下来了，谁知好景不长。一年后，外婆的父亲携着儿子，竟从北京一路乞讨赶到天津，死乞百赖地向外公外婆讨要金钱。外婆的母亲也是旗人，极要面子，看到自己的丈夫在女儿、女婿面前如此不堪，精神大受刺激，几近崩溃。一天午后，老太太正为外孙女穿衣，突然头一歪栽倒在床边，再也没有醒来，享年仅50 余岁。

后来外公回到北平兼任几所学校教职，月薪高达600光洋，外婆每月拿出一些钱来，接济父兄生活，不过也仅是维持其最低生活水准而已。因为再多的钱放到赌徒和瘾君子手里也是枉然的。这种情况一直延续到 1942 年，为了免遭日寇毒手，外婆被迫带着四个儿女秘密逃离北平。行前将一笔钱交到外公的二弟手中，托他照料自己的父兄。以后得知，外婆的父亲到叔外公那里领过几次钱，便再也不见踪迹了。

上页这张外婆（右）与其父（中）、兄（左）的合影，具体的拍摄时间已不可考，却是外公外婆留存的"最古老"的照片。

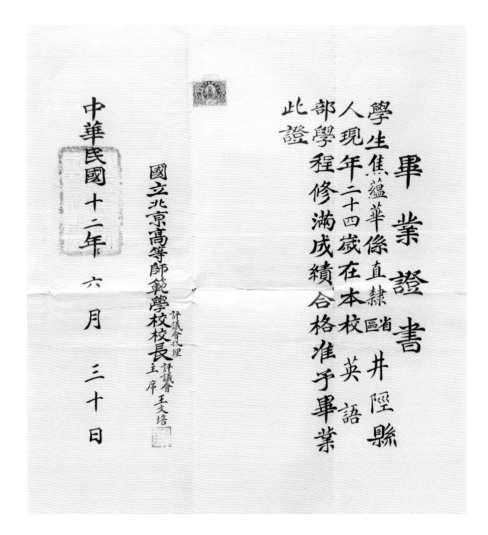

1923年6月，国立北京高等师范学校颁发给外公的毕业证书。外公原名蕴华，表字实斋。

我的外公焦实斋先生，1899年出生于河北省井陉县威州镇南固底村的一个士绅家庭。外公原名蕴华，表字实斋，后以字行。外公的祖父焦孟春曾是前清秀才，父亲焦兰芳历任县参议会参议员，县女子师范学校校长，在当地颇有些名气。外公幼时，家道已经中落，异常聪颖、顽皮的他靠亲友资助才读完中学。1919年，外公考入国立北京高等师范学校，攻读英语专业。1923年，外公以优异的成绩毕业后，被学校推荐到北洋政府交通部所属天津扶轮中学教书。著名美籍数学家陈省身教授当时就读于该校，是他的学生。

行年五十有一時民國二十三年五月

焦实斋先生之父焦兰芳（1880—1933）

焦兰芳先生续夫人高桂英（1896—1969）

90 多年前外公外婆新婚典礼的照片

外公毕业工作不久，经河北高中总务主任刘子方先生介绍认识了外婆。当时，外公在河北高中兼任教职，与刘子方先生是同事，而外婆母女在石驸马后宅租住房屋的房东，便是刘子方先生。正是这层关系，成就了外公外婆这桩满汉间的美好姻缘。

本来外公在家乡读书时，经父母之命、媒妁之言，曾经与当地一位女子结婚，并育有一女。但外公与其并无感情可言，以后在外读书、工作，丝毫不相往来，这段婚姻也就名存实亡了。只是可怜那位不幸的女子，一生过着凄苦的生活。

外公与外婆共相厮守了一生。他们新婚之日，曾有过一段有趣的小插曲：原来双方亲事确定之后，外婆家人郑重其事地提出一个条件，即新婚之日，男方必须用四匹马拉的车来迎娶新娘。外公满口答应。谁知迎亲那天，外婆娘家门外的马车，却只有孤零零的一匹马。事已至此，年轻貌美的外婆也只好将就着登车而去。这件事后来成了儿孙们调侃外婆的永久性话题。我小时候也曾冒失地提起这桩旧事，外婆并不生气，只是轻轻地笑道："你外公书读得好啊，一毕业月薪就 120 块光洋，那时能买 40 袋洋面呢！"这大概是我最早受到的"书中自有颜如玉"的教育。

今天，我仔细端详面前这张 90 多年前外公外婆新婚典礼的照片，确实没有发现外婆脸上有任何不悦的神情。我想，在当时的年代，普通百姓能举办这样的婚礼，也应当算是够体面了吧。

这帧外公外婆新婚典礼的照片，拍摄于 1925 年农历六月廿九日，地点是北京西城绒线胡同西口路南的大陆饭庄。照片中右起第一人，便是外公外婆美满婚姻的介绍人刘子方先生。外公外婆新婚当晚，空中雷雨大作。外婆说，这是关老爷在磨刀，需用水，所以才下起大雨。

外公外婆新婚之后，曾一同回到河北井陉探望外公的双亲。那个年代从北京到外公的偏僻家乡，可不是现在这般轻松的旅程。除了乘坐火车，还要雇佣马车赶路，其间更要涉过几条河流。让初次离开京城的外婆十分惊讶的是当地底层民众极为苦困的生活。他们乘摆渡船过河时，艄公居然赤身裸体一丝不挂，看到外婆这位似有身份的年轻女性乘船，才慌忙找了一条裤子穿在身上。

外公外婆的这趟回乡省亲之旅并不愉快。不知什么原因，外公的父亲与外婆之间发生了严重冲突。双方激烈争吵时，曾外公盛怒中扬起手杖要教训新进门的儿媳。旗人出身、性情强悍的外婆哪里吃这一套，见状迈着一双天足，几步抢上前去，用力夺下手杖扔到一边，老爷子跟跄了一下险些摔倒，直气得浑身发抖，胡子乱颤，却也无可奈何了。这番情景让外公很是尴尬为难，只好带着外婆匆匆返回了京城。

外婆这次回乡探望公婆之旅，着实展现了她天不怕地不怕的倔强性格。外婆一生都是如此，生活中似乎从没有什么让她感到惧怕的事情。

尽管与曾外公的关系搞僵了，但外婆与外公的兄弟姐妹们倒是关系融洽，常言道，长嫂如母。终外婆一生，不仅与外公的兄弟姐妹们长期往来，而且对他们多有照料。

外公外婆新婚典礼上的合影

　　这帧发黄的老照片，外公外婆生前一直珍藏着。透过 90 余年岁月的沧桑变幻，我们还能从外公外婆的双眸里，深深感受到他们彼此坚守一生的爱情。

外公外婆新婚不久后的合影（拍摄于 1925 年）

上面的照片中，外公一袭长衫，眉宇间英气逼人。外婆身着旗袍，一条精美的丝巾斜系在颈间，足蹬一双漂亮的皮鞋（由于旧时旗人女子不兴缠足，外婆是一双天足），双眸在一副精美的平光女士眼镜镜片后，闪烁着对新生活的憧憬，为天生丽质的外婆平添了几分文静儒雅的气息。外婆的这身装束，在当时的年轻女性中，也算是相当时尚了。

据外婆讲，她与外公相识后，常相伴去电影院观看电影。那时，观众在电影院里是男女分开的，两人只好隔着木栏手牵手地看完一场电影。这种浪漫情缘，应该也不输现代的年轻人了。

外公外婆新婚不久后的合影（拍摄于 1925 年）

　　从照片中可以看出，外公外婆婚后的家庭生活是幸福甜美的。但没有多少人知道，这时外公外婆在天津日租界的家，已经是中国国民党北方执行部的秘密联络据点。外公的公开身份是教员，实际上却是北方中国国民党左翼组织新中革命青年社的骨干分子，同时兼任国民党北方执行部与国民党中央的秘密交通员。他的一项重要使命，就是负责传递国民党中央与国民党北方执行部之间的秘密电文。

　　外婆的女红极好，所以通常是她将秘密文件缝在外公的衣服或鞋垫里，由外公往返传递。外婆文化程度不高，但性情刚毅，颇有她那些孔武善战的祖先们的遗风。对于外公从事的这些危险的革命活动，外婆全力支持，未曾有过丝毫退缩。

外公于 20 世纪 20 年代中期在天津扶轮中学任教时所摄照片

外公以教员职业为掩护，在北洋军阀政府的白色恐怖下从事革命活动。李大钊、高仁山等一批革命领袖相继被敌人残酷杀害后，国民党北方执行部和北京市党部均遭严重破坏，被迫在天津重新筹组，成立了国民党河北省党部，其主要领导人张清源就住在外公外婆家中主持工作。作为省党部委员，外公受命从事青运工作。他利用自己在教育界的关系和影响，积极在天津各高校中制造舆论，发展组织，一时颇具声势。

同时，外公还继续担任地下交通员，负责在天津、北京、广东（北伐后在武汉）三地传达消息。其间外公多次遇险，都因处置冷静、果断而化险为夷。据外公回忆，最危险的经历是 1927 年 5 月的一天。那天一早，外公携带武汉革命政府转来的一份紧急文件，从天津赶往北京，前往位于缸瓦市附近的基督教堂联络据点。快到基督教堂时，外公出于地下工作者的谨慎，先到教堂旁边的厕所里观察情况，很快敏锐地发现情况异常：教堂门外很冷清，几乎无人出入，却有几个形迹可疑的人在门外荡来荡去。他意识到可能出事了，立即在厕所里销毁了文件，然后从容离开，接着又沉着地设法在北京城内摸清了情况，冒着敌人军警全城搜捕的危险，马上返回天津向组织汇报。原来就在前一天，因叛徒告密，北洋政府破获了国民党设在缸瓦市基督教堂内的秘密据点，主持人包宗容牧师被捕，旋被残杀，藏匿此处的一批枪支弹药亦遭查获。若不是外公处事细心冷静，也几乎遭到不测。

1926 年，外公外婆赴绥远旅游时，在王昭君墓旁拍摄的照片。

　　2009 年 5 月，我到呼和浩特（原绥远省会归绥）公出，余暇时特地来到王昭君墓前凭吊。除了感叹这位出身贫苦、性情倔强的汉代绝色女子，以自己一生为汉匈民族间的和平与友谊作出了贡献，也试图寻找外公外婆以往在这里的足迹。然而，90 多年过去了，昔日荒芜的王昭君墓，现在已是规制宏伟、游人络绎不绝的旅游景点。只有外公外婆当年留影的这块石碑，还保留着原貌，依旧静静地屹立在那里。

外公外婆在 1929 年的合影

　　外公外婆这张 1929 年的合影摄于北平。这一时期外公的政治生涯跌宕起伏，陷于低谷。

　　1928 年二期北伐成功后，外公先后出任天津特别市教育局长、国民党天津特别市执委兼训练部长。次年 3 月又作为天津特别市党部推选的四名代表之一，出席了在南京召开的中国国民党"三大"。

　　但现实却让外公大失所望。

　　他不满蒋介石不经民主选举，把大批国民党右派分子和亲信强行指派为会议代表的做法，在反复抗争无效的情况下，便与童冠贤、马洗繁、何思源等 20 余位代表愤然退出了会场。

两个月后，蒋介石北上视察路过天津，国民党天津特别市党部竟没有一个人到火车站迎接，让蒋大为难堪。

蒋到了北平，特地在北京饭店召见天津党部全体执委，以资笼络。岂知那天蒋出来会面时，众人都不起立，也不说话，这戏剧性的尴尬场面更让蒋大为光火。

以后蒋又派陈果夫去外公家中说项，外公事先得知消息，来了个避而不见。这下彻底惹恼了蒋介石，盛怒之下把外公一干人从国民党中开除了出去。

外公晚年与我谈起这段往事，曾感叹道："唉，那时我们太年轻了，政治上很幼稚，用那种简单、冲动的办法，是斗不过老蒋的。"

不过从那时起，外公便与蒋介石在政治上分道扬镳了。

20世纪80年代中期，我帮外公整理他早期的政治活动资料时，曾这样问起外公："您年轻时就参加了国民党左翼组织，后来也看不惯蒋介石的统治，那当时为什么没有跟着共产党走呢？"外公闻言沉吟了一下，方道："我那时对蒋介石那一套很反感，但又认为共产党的政治主张太激进，希望中国能走和平改良的道路。经过几十年的闯荡，才知道中国没有这条路。"

时任河北大学教务长的外公（1930 年摄于北平）

外公被蒋介石开除出国民党后，随之失去了工作，一度连家庭生计都发生了困难。

政治上的失意并没有让外公消沉，他本来就是从事教育事业的人，很熟悉教育领域的事情，也有这方面的兴趣，既然政治方面的道路走不通，就想通过"教育救国"来实现自己的社会理想。

但由于顶着反蒋的帽子，那时的北平和河北省教育界居然没有谁敢聘用他，外公只好赋闲在家。

1930 年夏，外公河北正定同乡张清廉被任命为河北大学代理校长，他邀请外公担任该校教务长。渐感生活压力的外公喜出望外，很快就赶到保定赴任了。

幸亏外公赴任及时，因为张清廉给外公的邀请函甫一发出，便有人告诉他外公是"新中分子"，胆小怕事的张校长赶紧写了封婉言谢绝的信。信未及发出，外公已经到任了，张校长碍于情面也只好作罢了。后来的事态表明，张清廉此举无论对外公，还是对他自己，都是一个正确的决定。

河北大学下辖文、法、医、农四个学院。其中医学院、农学院基础较好，在当时的华北地区颇有名气。但文、法两院基础就差了很多。外公办教育是行家，他到任之后，把工作重点放在充实文、法两院的师资力量上。他先后延请著名学者董鲁安、罗根泽担任中国文学系主任，延请著名法学家郁嶷担任法律系主任，并通过他们聘请一些知名教授来讲学。师资力量加强了，文、法两院的学习学术氛围就浓厚了，情况很快有了很大改观。

学校教学刚有了些起色，校内却又出现了人事风波。原来，河北大学教师中多是留学德国和日本的，无形中分成留德、留日两派。张清廉本人是日本留学生，所以对留日教师略有偏袒，终于导致矛盾激化了。是年冬天的一个夜晚，一伙医学院的学生突然闯入张清廉的办公室，抢走校长印信，强行把张架出校外，还扬言要求河北省教育厅撤换校长。外公刚从北平公出回到保定，听到这个消息，下了火车便赶到张清廉临时栖身的旅馆商议应变之策。

张清廉是位学究式老派知识分子，面对这个突发事件，除了愁眉苦脸地绕室彷徨，全无办法。外公冷静分析了事件经过，断定此事是张的对立派教师指使少数学生突然发动的，意在不惊动大多数师生的情况下造成既成事实。所以，外公安慰了张清廉一番，便回到学校妥为布置。

次日清晨，外公一面派人接回张校长，一面在学校操场上悠然散步。大多数学生都不知道昨晚发生之事，仍照常上课。少数闹事的学生，见教务长已回学校，校长也被请回来了，感到再闹下去没有好处，也就偃旗息鼓了。

一场大风波被外公化于无形之中。张清廉和外公索性大事化小、小事化了，没有对这件事情继续追究，只是不得不报请河北省教育厅，重新领取了一枚木质印信。

1931年暑假到了。河北省教育厅批准外公和法律系主任郁嶷、英文系主任刘名之等三名河北大学教师前往日本进行为期一个月的教育考察。这是外公第一次、也是一生中唯一一次访问日本。他们一行人取道东北经朝鲜到达日本。日本接待方"一切如仪"，安排外公等人在东京、大阪、京都和奈良等地参观了许多学校，会晤了不少日本教育界人士，使他们对日本的教育状况和学校制度加深了了解。但这次访问给外公留下最深的印象，却不是日本的教育，而是日本国内狂热的军国主义泛滥。外公等人所到日本城市的繁华地段，宣扬军国主义的标语、图画林立，街道上军车往来奔驰，一队队充满武士道精神的日本军人不时列队招摇过市。这些日本兵对中国人投来的轻蔑鄙视的目光，让外公等人非常憎恶。一次到日本某海港考察，日方执意要外公等人到一艘军舰上参观，只见军舰客厅里到处张贴着渲染战争的图片。参观过后，该舰舰长问外公对日本海军有何观感。外公冷冷答道："我们是教育界人士，到日本主要是考察教育，对军事不感兴趣。"

考察期满，外公一行从东京乘船，仍由朝鲜回国。在釜山下船后，外公看到日军在码头上横冲直撞、频繁调动，一副不可一世、蛮横跋扈的样子，深切感到日本对华发动战争已经迫在眉睫了。

回到北平，外公听说张清廉被免职了，赶紧赶回学校，协助张办理了移交手续。外公是张清廉请去的，按照当时"同去就"的规矩，也只好辞职，重新回到北平赋闲。

秋季开学，承在北平朝阳大学法律系任教的郁嶷教授介绍，外公每周去该校讲授两个小时的世界史。外公并未因授课是聊补家用而敷衍，他在课堂上以不久前的访日见闻，向学生们大声疾呼日本帝国主义军队发动侵华战争已经迫在眉睫，我国若不早作准备，亡国灭种的惨祸即将临头。同时，外公也强调中国是有五千年历史的文明古国，更是拥有四万万人口的大国，只要同胞们团结一致，日本一个蕞尔岛国，是很难吞掉中国的。讲到忿慨动情处，外公不禁声泪俱下，学生们也在课堂上群情激昂地相呼应。本来只有三四十学生选修这门课，后来听课的学生增加了一倍多，教室都坐不下了，一些学生干脆就打开窗户坐在外面听课。

哪里知道，外公刚讲了两三次世界史课程，震惊中外的九一八事变就发生了。日本关东军于 1931 年 9 月 18 日夜间悍然突袭沈阳北大营，并于当天占领了沈阳城。由于南京国民政府采取不抵抗政策，命令东北军撤回关内，日军仅用了几个月就占领了东北三省。外公不久前的预言不幸言中了！

九一八事变消息传来，整个北平、华北都沸腾了，各界民众群情激愤，要求举国抗日的呼声响彻云霄。北平各大中学的学生们更是举行游行示威，卧轨请愿，包括北大、清华和朝阳大学在内的学生们还组织起来去南京请愿。但是患了"恐日病"的南京国民政府一面公然宣称要"敦睦友邦，以待国际公判"，一面动用军警将爱国学生们的抗日请愿活动强制镇压了下去。外公作为教授，目睹这种情况，心里充满了凄凉和愤慨！

1931 年冬季的一天，刚刚被任命为北平民国大学校长的鲁荡平忽然来家中看望外公，开门见山地提出要延请他就任该校教务长。外公尽管家庭生活拮据，却不想接受这个差事与鲁荡平共事。原来，1928 年外公在天津任教育局长时，鲁任社会局长，相互就认识了。但鲁政治上属于"西山会议派"，与外公政见不同，特别是 1929 年国民党天津特别市党部被蒋介石勒令解散时，鲁是负责接收的党务整理委员会成员，一个被撤职，一个来取代，彼此关系更是不融洽了。

北平民国大学校长鲁荡平

　　见外公不应允，鲁荡平急了，指着头上贴着的橡皮膏说，他刚到这所私立大学就职视事，就遭到学生们群起反对，还用墨盒把他的脑壳打破了，要外公看在老同事份上一定要帮帮忙。鲁还表白，他在南京还有职务，平时不来北平亲掌校务，具体校务均由外公负责。经费方面，他可以运动南京国民政府内丰沛的人脉关系提供充足支持，更有其担任浙江省主席的兄长鲁涤平作后盾，一切都不成问题云云。

　　这下外公心里清楚了，鲁荡平就是一个国民党政客，原本对教育也不感兴趣，更不懂如何办好高等教育，在北平教育界也没有什么人脉基础。他想当这所私立大学的校长，无非是要抬高自己的身价，作为今后继续做官往上爬的资本。外公为人正直忠厚，没有党派背景，办教育的能力很强，在北平教育界又颇具人望，由他出任教务长，既能解决鲁荡平既想吃又烫嘴的困难境地，也可避免其被有野心的人取代位置。总之，想来想去，外公确是鲁荡平寻觅的不二人选。

　　外公向来怀抱教育救国的理念，尽管对鲁荡平这种政客不感兴趣，但有机会独当一面管理一所大学，内心还是相当渴求的。两人谈了大半日，见外公终于应允试试看，鲁荡平大喜而去。

　　当时北平不少大学都愿意利用过去王府的深庭大院做校舍，如中国大学在郑王府，辅仁大学在定王府，女子文理学院在孚王府等。民国大学位于北平西南角的太平湖附近，原是光绪皇帝父亲、醇亲王奕譞的王府，占地约有十亩，殿堂宏伟，雕梁画栋，布局严整。中路两旁，亦有几层高大严谨的院落，所有建筑保存得相当完好。

20 世纪 30 年代北平民国大学大门一景

北平民国大学校园内之银安殿，为原清醇王府正殿。

九 思 堂（清 德 宗 誕 生 處）舊 址。

北平民国大学校园内九思堂为清光绪帝出生旧址

北平民国大学教室之一

外公焦实斋先生在北平民国大学任教务长时的办公处——海棠轩

民国大学是南京国民政府教育部批准成立的，国家承认学历。但作为私立大学，办学经费仅靠学生缴纳的学费是根本不够的，主要依靠校董会通过各种渠道获取资助，鲁荡平能当上校长，凭的就是募集资金的能力。

外公就任民国大学教务长时，学校设文、法、政、经、新闻、体育等科系，有学生两千多人。

外公初到，校内人心相当浮动。许多师生认为鲁荡平不学无术，根本没有资格担任校长，群起抵制他。同时，校内各种势力错综复杂，颇难管理。外公先是通过一些熟识的系主任和教授们做师生们工作，指出学校需要鲁荡平这样的人物募集资金，否则随时就有关门可能，那样于大家都不利。再则言明鲁只是遥领校长职务，概不干预学校行政和教育，具体校务均由教务长负责。通过外公耐心疏通，鲁荡平终于取得校内大多数师生谅解。鲁荡平大喜过望，与外公相携到校与全校师生见面就职后，便到南京继续做官去了，一切校务均交由外公打理。

外公办民国大学的宗旨，是根据该校历史、社会性质、教师素质和学生诉求等客观条件确定的。经过深思熟虑，外公决定从整顿校风入手。他参考国立大学的标准，对学生提出严格要求。凡经常缺课、考试不及格的学生不能升级或毕业，严重违反校规的学生轻则留校察看，重则开除学籍。这样一来，那些混文凭的学生就不得不认真读书了。校风的变化，受到大多数师生的欢迎。

初步解决了校风散漫问题，外公又把目光转向教师。他历来钦佩蔡元培先生兼收并蓄的办学方针，也主张不论教师思想倾向、政治色彩如何，只要有真才实学，胜任教学，都要大力延聘。

教務長兼教育系主任

焦實齋先生

北平民国大学教务长兼教育系主任焦实斋先生

新聞專修科主任　　　　　　體育專修科主任　　　　　　文書課主任
張友漁先生　　　　　　　　謝似顏先生　　　　　　　　李吞庭先生

北平民国学院民国廿三年毕业同学录上的部分科系主任

当时民国大学各系主任和主要教授的阵容是相当雄厚的。除了教育系主任由外公自兼外，其他各系主任分别是：中文系主任尹公石，英文系主任凌子平，政治系主任刘彦，经济系主任刘侃元，法律系主任王文豹，新闻系主任张友渔（后由萨空了接任），体育系主任董守义等。教授中则有马哲民、黄松龄、杜书林、侯外庐、郁嶷、王觐等，师资力量相当强大。上述教授、学者中，不乏诸如张友渔、萨空了、侯外庐等左翼进步人士。在当时白色恐怖笼罩下的北平，外公敢于这样做是颇具胆识的。他基于办学理念，延聘教员从不以思想倾向划线，同时巧妙利用鲁荡平这块招牌，为学校涂上一层保护色。后来北平的白色恐怖愈加猖狂，以蒋介石的侄子蒋孝先为团长的国民党宪兵三团，纠结国民党特务，不时闯入北平各大中学校，抓捕进步教授和学生，外公为保护校内进步师生，花费了不少心思。1935 年的一天，外公通过可靠关系听说国民党特务要抓捕张友渔教授，立即通知他迅速逃离北平。很快，国民党宪兵三团的宪兵们就包围张的寓所，却扑了空，特务们又在学校和张的寓所周围盯守了几天，仍是一无所获，只好悻悻作罢。中华人民共和国成立后，外公才知道张友渔当时的确是中共地下工作者，当初他出于责任和良知的举措，帮了北平中共地下党的忙。

大學部教育系一九三二班畢業紀念攝影

6

外公焦实斋先生（前右四）等与北平民国大学教育系 1932 年毕业生合影

大學部經濟系一九三二班畢業紀念攝影

28

外公焦实斋先生（前排中）与北平民国大学经济系 1932 年毕业生合影

外公上任以后，经过两年多的悉心整顿，民国大学逐渐走上正轨，呈现稳步发展的态势。校长鲁荡平见学校愈办愈好，心里自然高兴。他倒也信守前约，每隔三五个月到学校看看，并不干预具体校务。外公在民国大学一直工作了六年多，直到抗战全面爆发的前夜。

1933年春，外公正在民国大学处理公务，突然接到河北省教育厅长陈宝泉发来的电报，只寥寥数字："速来津晤谈。"陈宝泉是当年外公就读北京高等师范时的校长，外公一毕业就到天津扶轮中学教书，陈是出了力的。因此外公不敢怠慢，立即赶往天津晋见。见面后，陈厅长稍事寒暄，便说河北省立河北中学（河北省立第17中学）校长张仁山辞职了，该校情况复杂，教育厅一时找不到校长的合适人选，要外公尽快兼任该校校长救救急，并给外公三天时间作考虑。正巧兼任国民党北平市党部执行委员的鲁荡平正在北平，外公便找他商量。鲁想了想说："只要不影响民国大学的工作，可以兼任。"他还表示如果外公在省立河北中学工作有困难，他可以尽力支持。外公心里有了底，当即给陈宝泉厅长回电，同意就任。

20世纪30年代，河北各县设有中学，均为初中。省立河北中学设在北平，由于条件较好，被升级为高级中学，以满足河北各县初中毕业生的深造要求。该校虽然设在北平，却不属北平市管辖，直接由河北省教育厅领导。

在省立河北中学任教的教员，都是教学经验丰富的饱学之士，英语教学更是由外国教员负责，教员们的待遇很高。学校除了招收河北省的优秀生源，许多远在山西、河南、山东、热河、察哈尔等地的学生也慕名前来报考，全校学生多达两千余人。由于师资水平高，学生质量好，高考升学率高达百分之九十以上，这所学校成为名副其实的高等院校预备班，与北平的四中、汇文、师大附中等校并驾齐驱，是驰名北平和华北地区的名校。

但外公一接手校长职务，才发现这个差事还真不好办。原来学校教员中，以北大毕业生居多，大家为了保住饭碗自成一派。其他教职员抱团取暖，也结成一派，彼此倾轧不已。更糟的是两派教员背后，各有一群学生追随，使情况愈加复杂。原校长张仁山是北大出身，为了避嫌，往往采取中庸办法调和两派教员之间的矛盾，结果两派皆大不满，导致学校纲纪紊乱，无法维持，只好辞职下台。

外公出身北京高等师范，自然为北大派教员所不容，他派人接洽就任事宜时，即被部分师生阻于校外。外公并不气馁，他托人疏通，表明态度，申明自己虽是北高师的，但对所有教员一视同仁，尤其是原来张仁山校长聘用的教员，包括由北大毕业生担任的教务主任和事务主任，保证照常任职。外公又进一步劝说，自己来当校长，是为了学校更好发展。倘若大家一味抵制，导致教育厅宣布学校停办，所有教职员就要解聘失业了，学生们也只能自愿转到其他学校就读。经过反复解释沟通，学校师生们情绪稍有缓和，外公又找鲁荡平，请他通知北平市警察局派员陪同他去学校就职，事情总算告一段落。

在第一次全校师生大会上，外公勉励师生们爱惜学校荣誉和传统，共同办好学校，并再次重申学校一切人事维持不变，还提出了学校财务完全公开、定期宣布学校开支、切实解决师生教学和生活困难等一揽子的措施，会后人心大定，反响良好。看到自己终于被全校师生所接受，外公总算松了一口气。

外公刚刚将北平民国大学和省立河北中学工作理顺，就迎来了更大的政治风暴！

1933 年 3 月，日本侵华军队继攻陷山海关、热河后，又大举进犯长城各口，中国军队在喜峰口、古北口、独石口、冷口等长城各口奋起抵抗，长城抗战爆发了。国难当头，北平市民纷纷箪壶食浆，支援前线。民国大学、河北中学师生也积极参加抗日宣传、慰劳抗日将士、救助伤员等活动，两所学校都出现了前所未有的师生团结一致、共同声援抗日的大好局面。外公积极肯定师生们的爱国热诚，每逢总理纪念周，都要讲话、作报告，勉励大家好好读书报国。为了满足师生们了解国家大事的需求，外公还邀请商震将军、关麟征将军和张忠绂、叶企荪、肖一山等社会名流到学校演讲，很受大家欢迎。

长城抗战失利后，南京国民政府与日方签订了丧权辱国的《何梅协定》，战事暂告一段落，商震将军所部移驻河北保定。外公当年在新中革命青年社时就认识他，彼此算是老朋友了。外公考虑应该培养学生们的军事素养，以适应将来的抗战需要，便请商震将军资助，让河北中学的学生们利用暑假到他的部队接受军事训练。商震将军满口应允，还主动承担了学生们的食宿费用。经过近两个月的军事训练，全体受训同学的爱国思想、集体观念、身体素质都有大幅度进步。这期间，外公几次到保定慰问，看到同学们在艰苦环境下接受训炼，个个面色红润、精神饱满，心里特别高兴。

外公身兼北平民国大学和河北中学两所学校的领导重任，常人早已不堪其负，他却游刃有余，彰显了其独特的办教育能力。外公对治理两所学校采取了不同的办法。他认为，大学生年龄大些，思想相对成熟，亦有鉴别能力，故应注重培养其独立思考能力，管理宜宽，多予其自由；中学生年龄偏小，思想行为尚较幼稚，不宜过于放纵，管理宜严。基于这个考虑，外公把大部分精力放在河北中学的管理上，只以少部分精力兼顾民国大学工作。

1935年日本帝国主义加紧蚕食华北，南京国民政府奉行"攘外必先安内"的错误政策，对日步步妥协退让，竟于当年6月与日方秘密签订了《何梅协定》，承诺取消河北省各地国民党党部，取缔一切抗日活动，承认日方在晋绥、冀察地区自由出入和设立特务机关的权利。日本方面得寸进尺，公然策动天津卫戍司令宋哲元搞五省自治行动，并驱使汉奸殷汝耕在通州成立冀东自治政府，使冀东二十二个县脱离南京国民政府，史称"华北事变"。当时的北平风声鹤唳，国民党要员及其眷属争相南逃，故宫文物也秘密南迁。北平街头，日军士兵和日本浪人肆意横行，广大市民惶惶不可终日。

"平津危急！华北危急，中华民族危急！"为了挽救民族危亡，中共北平地下党领导北平各大、中学校师生，于12月9日发起了声势浩大的抗日救亡运动，即震惊中外的一二·九学生爱国运动。包括北平民国大学和河北中学在内的北平各大、中学学生们组成浩浩荡荡的示威队伍走上街头，高呼："反对华北自治！""停止内战，一致抗日！"北平广大市民们也大受鼓舞，纷纷给予热烈响应。

古都北平怒吼了！北平爱国学生们的壮举震撼了全国，但国民党当局却惊恐万状，竟出动大批军警挥舞木棒、皮鞭、水龙等前来镇压，爱国学生们不屈不挠，奋起抗争。12月16日，北平爱国学生发动了规模更大的游行示威活动。成千上万情绪激昂的爱国学生们聚集在北平天桥广场，高呼："打倒日本帝国主义！""反对出卖华北！""反对成立冀察政务委员会！"等口号，沿途冲破军警层层拦截阻击，一路向天安门进发，至晚方散。

如火如荼的一二·九学生爱国运动迅速席卷全国，全国各地爱国学生和各界民众群起响应。南京国民政府惊慌失措，一面指使各地军警强力弹压，一面采取釜底抽薪的办法，召集北平各高校和部分中学校长到南京开会，企图借助校长们的力量压制学生运动。

外公也在这次受邀之列。1936年1月下旬，外公和胡适、梅贻琦等相偕来到南京。除了来自北平的校长们，其他各省高校负责人也受邀出席，共有一百余人与会。正式开会时，蒋介石出席了会议，但没有讲话。张治中将军首先作了形势报告，主要讲政府有决心抗战，但目前力量不足，现在要努力争取国际上的同情和支持，同时作好内部实力准备，将来条件成熟，政府一定要收复大好河山，希望诸位体谅政府苦心云云。此外，国民党中央党部、教育部、外交部负责人也出来讲话，批评学生们的行动扰乱了政府决策，给日本人寻衅制造借口，恳望校长们对学生严加管束，等等。张治中将军在南京励志社设宴款待全体出席会议人员，并邀请大家到南京郊外参观他麾下的首都警卫师军事演练。

首都警卫师清一色德式装备，军容很盛。官兵们训练精良，战斗作风强悍，让参观者们大为赞叹。通过参观，一些校长们觉得政府确实在作抗日准备，只是像首都警卫师这样的部队太少了，还不足以与整个日本军队对抗。这样一来，包括外公在内的一些校长就认为政府方面的对日态度还是有些道理的。

会议结束前，国民党中央的政要们分别宴请自己省籍的校长们。外公是河北人，就出席了河北省籍国民党要员张励生的宴请。席间，张励生大谈政府苦衷，还说学生们如果一意闹事，政府必将采取更严厉措施，那时对政府、学校、学生都没有好处云云。会后，每位校长都带着受赠的返程火车票踏上归程。整个会议期间，没有一个校长有机会在会议上发言。

1936 年 2 月，北平各大、中学校学生继续罢课，进行抗日救国宣传活动，国民党当局果然大打出手，出动军警包围各院校，逮捕了包括民国大学、河北中学学生在内的二百余位爱国学生。外公听到自己学生被捕的消息忧心如焚，立即亲自去冀察政务委员会一再交涉，宋哲元、秦德纯等均避而不见。其他院校校长也相偕前往援救学生，都不得要领而归。外公无奈，只好再找鲁荡平想办法。鲁告诉他："北平当局奉南京国民政府指示，为了应付日本方面的抗议，避免引起事端，只得逮捕学生。为了缓和日方的威胁，政府目前还不能释放学生。"他还让外公安心，说此举只是应付日方，断不会加害爱国学生的。谁知 3 月 9 日，被关押的河北中学学生郭清病死狱中。消息传出，河北中学师生极为愤慨，立即派代表以全校师生名义向冀察政务委员会递交抗议书，要求惩办肇事者，立即释放所有爱国学生。3 月 31 日，北平各院校师生齐聚北大三院，为郭清同学举行追悼大会，并于会后抬棺游行示威。国民党军警闻讯赶来，杀气腾腾地殴打学生，强行冲散游行队伍，又逮捕了几十人。

郭清之死，是外公一生无法磨灭的伤痛。他痛感自己事前未尽保护之责，事后又援救乏力。直到晚年念及此事，心中都愧疚不已。

南京国民政府和北平国民党当局的媚日行动，并未换来日本方面的退让，其侵华野心反而愈加炽烈。为了掠夺华北地区的煤炭、铁矿和粮棉等战略物资，日本华北派遣军公然进占北宁路沿线地区，还派遣大批日本特务、浪人到晋察冀绥地区肆意活动，最后竟无耻要求第 29 军退出平津地区，遭到宋哲元将军的严辞拒绝。由于宋哲元将军为首的冀察当局与日本方面矛盾逐渐激化，北平的学生爱国运动趋于缓和。在外公和北平各院校负责人的积极营救下，被捕的爱国学生们陆续获释了。

外公从年轻时代起就怀抱教育救国的梦想。从1930年夏到1937年抗日战争全面爆发，他先后担任河北大学教务长、民国大学教务长兼教育系主任和河北中学校长，是他一生中从事教育管理工作时间最长、经历最完整的一个时期。外公以过人的见识和能力，克服重重困难，将几所别人认为很难办好的学校治理得弦歌并然，一时间竟在河北教育界、特别是北平教育界搞得风生水起。但是，日本侵华军队的铁蹄无情击碎了他的梦想。国家濒于危亡，偌大的平津、华北，已经放不下一张平静的书桌，哪里还谈得上办教育？

一二·九爱国学生运动促进了全民族的抗日觉醒。外公内心对学生们爱国行动是非常同情支持的，他痛恨日本帝国主义的野蛮侵略、不满南京国民政府的对日妥协投降政策，在青年学生们的身上看到了民族的希望。但囿于旧的教育理念，特别是受南京之行的影响，他认为学生的主要任务就是读书，只有读好书才能报效国家。长期游行罢课，既荒芜学业，又徒使国家陷入内耗。因此，学生爱国运动爆发后，外公先是支持，继而忧虑，最后出面干预，甚至开除了河北中学几位行为激进的学生。他觉得中学生年龄尚幼，不宜过多参加社会政治活动，这些想法、做法客观上迎合了南京国民政府对日妥协投降政策，不能不说是他思想上的局限。外公晚年，对这些事情都有过深刻反思。

1936年11月，日本帝国主义策动民族败类德穆楚克栋普鲁（德王）、李守信、王英等日伪军大举进犯绥远。绥远省主席兼第35军军长傅作义将军率部奋勇抵抗，接连在红格尔图、百灵庙、锡拉木楞庙等地重创日伪军，歼敌数千人，取得绥远抗战的重大胜利。

捷报传来，举国振奋，各地掀起了援绥抗日热潮。北平各院校师生纷纷发起慰劳绥远军民运动，组织慰问团，募集钱物，赶赴绥远开展慰问活动。

外公1928年任天津特别市教育局长时，就与时任天津警备司令的傅作义将军相识并成为要好的朋友了。欣闻绥远抗日捷报，外公在北平《实报》发表专论，指出绥远抗战的意义，在于使国人认清，对日妥协退让没有出路，只有拿起武器抗击侵略者，才能挽救国家危亡。在此之前，外公还与顾颉刚、冯友兰、雷洁琼、杨秀峰、钱玄同、黎锦熙、冯远君等几十位教授联名签署《教授界对时局意见书》，反对南京国民政府的对日不抵抗政策和华北自治，主张"集中全国力量，在不丧失国土不辱主权之原则下，对日交涉"。应该说，时局的发展，特别是通过傅作义将军的抗日壮举，使外公逐步认清了南京国民政府对日政策的危害。这期间，外公还致函傅作义将军，热烈祝贺绥远大捷，并附上他在《实报》上发表的专论。傅作义将军于戎马倥偬中复函致谢，也表达了抗战到底的决心。

绥远战事刚刚沉寂，震惊中外的西安事变发生了！张学良、杨虎城两位将军在西安发动兵谏扣压蒋介石的消息传到北平，人们大感意外，奔走相告。北平各大中学的学生们更是非常激动，那些在北平学运中受到国民党当局残酷迫害的年轻人，对蒋介石简直恨之入骨，认为法网恢恢，现在是蒋偿还血债的时候了。大家还认为，只有清除了蒋介石这只拦路虎，抗日救亡运动才能蓬勃发展。谁知不久后，蒋介石居然在中国共产党的积极斡旋下被张杨两位将军释放了，学生们兴高采烈的情绪一下子化为乌有。外公起初也认为蒋介石积怨太多，这次真是在劫难逃了，不想蒋却戏剧性地被释放回到南京，实在是百思不得其解。后来随着历史发展进程，外公才逐渐认识到西安事变的重大政治意义，在赞赏张杨两位将军义举的同时，也深为中国共产党人的博大政治胸襟和至诚的家国情怀所感佩。

西安事变发生半年多后，中国抗日战争全面爆发，外公抛弃一切，义无反顾地投身到这场艰苦卓绝的民族解放战争中去了。

20 世纪 30 年代的外公

外公（左一）与学生侯文涛、朱康济等人在颐和园佛香阁前的合影（拍摄于 1932 年 4 月 15 日）

外公性情活泼好动，幼时就顽皮。据外公回忆，太外公管教他极为严厉。外公年仅五六岁，太外公便亲自为其启蒙，每天督教他读书识字。某年的一个冬日，太外公照例先教外公一篇文章，然后命他朗读背诵，自己则坐在太师椅上，一边抽着烟袋，一边闭目养神，不觉昏昏睡去。外公读了一会书，偷眼望见太外公打起瞌睡，不觉有些心猿意马，于是放下书本，东张西望起来。忽然听到火炉上的水壶嘁嘁作响，心中一动，便蹑手蹑脚地溜到厨房，偷了一只鸡蛋丢到壶中后，又摇头晃脑地大声朗读起来。稍顷，太外公睡醒，起身到炉边冲茶，那只鸡蛋不知为何竟从壶中滚将出来。老爷子顿时大怒。外公没有吃到鸡蛋，屁股上却很快落下几道红红的戒尺印迹。外公成年之后，性格依然活泼开朗，而且一生保持着喜欢外出活动的生活个性。

可能是长期生活在北京的缘故，外公对北京名胜，多有涉足。他一生格外喜爱的北京名胜，似乎是列为皇家园林之冠的颐和园。外公留下来的照片中，有许多是在这里拍摄的。

在我的记忆里，外公直到晚年，只要体力可以支撑，几乎每个星期都独自乘坐公共汽车去颐和园散步。我和弟弟耀邦小时候，也曾多次陪同外公去颐和园游玩，可惜当时没有用照相机留下这些值得回味的瞬间。

外公与其子女在北平西关三贝子花园的合影

　　1933 年，外公携年幼的大舅焦国杰（中）、母亲焦俊保（左）摄于北平西关三
贝子花园（现北京动物园）。外公当时还兼任着河北省立北平中学校长。

外婆在院中晨练的照片（拍摄于 1936 年）

　　外公外婆和孩子们曾在北平西城永宁胡同 7 号的一个四合院中生活了许多年。

　　当年的永宁胡同中有不少深宅大院，包括一所教会办的"笃志中学"和一座王府。

　　新中国成立后，据说有很多名人政要先后在这座王府中居住过。现在，这条胡同作为北京古城风貌之一，仍被保留着。母亲和姨妈们至今还常常忆起儿时在那里的生活，因为那里曾铭刻下她们童年、少年时代的许多快乐和梦想。

外婆在北平西城永宁胡同宅院中阅读（拍摄于 1936 年）

1936 年冬，母亲焦俊保（右）、大姨妈焦鼎文（中）、三姨妈焦景文（左）三姐妹摄于北平西城永宁胡同家中庭院。

右图：1937 年初夏，大姨妈焦鼎文（后）、大舅焦国杰（前三）、母亲焦俊保（前二）、三姨妈焦景文（前）的合影（摄于北平）。

　　母亲兄弟姐妹四人中，大姨妈焦鼎文最为年长，也格外聪颖，有时还颇顽皮。母亲曾回忆，小时候过年，写得一手好字的大姨妈为院落里的每间房屋都书写、张贴春联，连茅房（厕所）也不曾漏过。茅房门侧的上联是：进门来呲牙咧嘴；下联为：出门去展眼舒眉。横批是：先擦后拉。这样的趣事，她们兄弟姐妹之间还有很多，直到晚年，她们还常常为某件趣事彼此间相互调侃呢。

1937 年初夏，大姨妈焦鼎文（右）、母亲焦俊保（中）、三姨妈焦显文（左）的合影（摄于北平）。

抗日战争爆发后外公外婆的

颠沛流离

　　1937 年，日本发动全面侵华战争，对于中华民族而言无疑是一场空前的灾难。在长达八年的艰难岁月里，外公外婆的家庭经历了无数的颠沛流离。

　　外公也像无数普通的中国人一样义无反顾地投入到抗击日本法西斯军队的民族解放圣战之中，最终打败了侵略者，捍卫了民族的独立和尊严。

　　然而，抗战的胜利并未使中国走向安宁和富强。蒋介石发动的反共内战给残破的中国经济造成极大的破坏，国民政府的倒行逆施不可避免地使自身走向失败。而中国共产党以其鲜明的政治立场和革命实践，赢得了四万万中国人民的衷心拥护。

　　1949 年 10 月 1 日，毛泽东在天安门城楼庄严宣布"同胞们，中华人民共和国中央人民政府已于本日成立了！"标志着新中国的诞生。

　　外公像许多中国旧知识分子一样，在经历了几十年的探索、挫折、迷惘之后，重新在中国共产党的身上看到了民族复兴、国家富强的希望。在中华人民共和国成立前夕，外公以一个中国人的良知，为和平解放千年古都北平，作出了贡献。

1937 年冬，外婆（后左一）与二外公（后右一）、三外公（后右二）、韩表外公（后左二）及大姨妈焦鼎文、大舅焦国杰、母亲焦俊保、三姨妈焦景文（前排从右至左）的合影（拍摄于北平西城永宁胡同 7 号宅院中）。

    1937 年卢沟桥事变发生后，中国抗日战争全面爆发。当时，河南大学拟聘外公为教授，月薪 200 光洋，但国家民族正处于生死存亡的紧要关头，外公毅然婉拒了这份待遇丰厚的工作，抛妻别子，投笔从戎。大约是 1937 年 7 月 12 日这一天，外公只身提着一个皮箱南下，先从西直门乘火车到门头沟，再坐马车至长辛店，从那里设法乘车南下。离开北平时，外婆牵着只有五岁的三姨妈焦景文，赶到火车站送别。望着火车徐徐远去的踪影，一向刚强的外婆失声痛哭。其实，外公外婆心里都清楚，这一别，也许就是他们一家人的生离死别！此后，外公随国民党中央军第 52 军等部开赴前线，从事抗日宣传工作，先后参加了保定战役、漳河战役、台儿庄战役等。

    早在 1933 年，国民党中央军第 17 军（后来的第 52 军）于长城抗战后退驻北平，外公等北平各界社会名流常常应邀去部队演讲，鼓舞士气，并送学生到该军训练，因而与该部关麟征、黄杰、杜聿明、郑洞国等将领建立了深厚情谊。据大姨妈焦鼎文回忆，某次关麟征将军来北平，外公携她亲往南苑机场迎接。年幼的大姨妈初次看到飞机，感觉非常新奇，爬上飞机玩个不停。进城后，关将军连同卫兵就住在外公家中。那时关将军还是单身，特请外公等人为其介绍女友，后来关将军娶了出身书香门第、活泼可爱的北平姑娘徐姓小姐为妻。抗战一爆发，外公便应这些好友之邀随军抗日。由此，外公与杜聿明、郑洞国等抗日名将结成终生的莫逆之交，与他们的友谊，也在很大程度上影响了外公此后的政治生涯。

北平沦陷后，外婆独自带着四个儿女艰难度日，熬过了整整八个春秋寒暑。

不久前与大姨妈焦鼎文交谈，方知晓一件尘封往事：抗战全面爆发的第二年，也就是1938年，人在武汉的外公曾捎信来，希望外婆前去见面，并把他当时年仅20余岁的三弟，也就是我们的三外公送去读书。外婆接信后毫不迟疑，立即准备动身。但战火纷飞之中，从北平到武汉又何尝容易？外婆携着年轻的三外公先由北平赶到天津，从天津上船，经过一个叫黑水洋的地方，辗转到了香港，再从香港去广州，最后乘火车到达武汉。

相别一年，外婆与外公终于在武汉见面了。她行前已将四个孩子托付给外公的二弟照料，本来可以随着外公留在大后方，可心里实在割舍不下年幼的孩子们，只得将三外公交给外公后，又只身循原路返回北平。

"我永远感谢我的妈妈"，忆及这段往事，90余岁高龄的大姨妈焦鼎文一阵哽咽。

后来的事情更加悲催。武汉沦陷后，外公带着幼弟夹杂在军队和难民中一路向湖南撤退。到了益阳时，三外公不幸患上盲肠炎。兵荒马乱之中到哪里去寻找医生？外公只能眼睁睁地看着他最疼爱的幼弟，活活疼死在自己的怀里。三外公临咽气前，已无力气讲话，只以右手频指裤兜向外公示意。原来他是要将裤兜里仅有的三块光洋交给兄长！

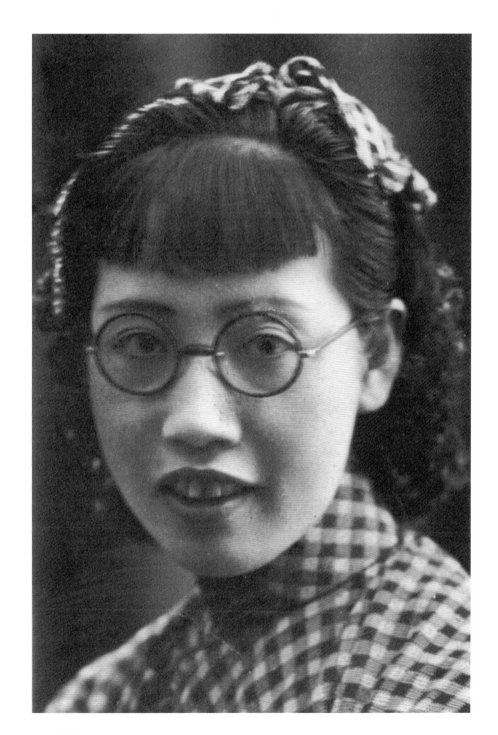

外婆摄于 1938 年

1938 年秋，大姨妈焦鼎文（前右）、大舅焦国杰（后左）、母亲焦俊保（后右）、三姨妈焦景文兄弟姐妹四人在北平合影。

右图：1938 年冬，外婆与大姨妈焦鼎文（后右）、大舅焦国杰（后左）、母亲焦俊保（前右）、三姨妈焦景文（前左）四个儿女的合影（摄于北平西城永宁胡同庭院）。

July 20, 1939.
BROADWAY
STUDIO 41 years old.
百老滙照相館攝

1939 年外公出国留学前拍摄的照片

中国抗日战争进入战略相持阶段后，外公在友人资助下于 1939 年 7 月赴英国伦敦牛津大学留学，从事国际问题研究。不久欧战爆发，外公身在异国他乡，不仅关心世界反法西斯战争的形势，更密切关注着国内抗战情况，其间撰写了大量文章，在香港《大公报》，以及英国报刊上发表，介绍和评论中国军民的抗战业绩，海内外许多报刊争相转载。

外公在牛津大学前后逗留了两年。已经 40 岁开外的外公，如饥似渴地从事学习和研究活动。除了国际政治问题之外，他也侧重对欧洲历史、人文和社会状况进行研究和考察。这些研究成果对他后来以更广阔的视野从事国内的政治和教育工作，产生了重要的作用。外公返国前，将其在英国所发表的文章汇集成册，定名为《欧战的回顾与前景》，并由中国驻美大使顾维钧先生作序，准备在香港出版。不料，适逢日军侵占香港，书稿在战火中焚毁，殊为可惜。

当然，两年的留洋生涯，改变最多的还是外公的生活习惯。回国之后，外公的生活方式一下子洋派了许多。例如，他的早餐，永远是牛奶、烤面包、黄油、煎蛋和法式火腿肠。以致后来在物资匮乏的"文革"时代，外婆为了保证外公的这些饮食习惯不致中断，可是费了不少心思。

有时心情好，酒量不大的外公，偶尔还会小酌几杯威士忌或白兰地。我还依稀记得小时候，外公用筷子蘸着杯子里的酒，诱我吮吸，然后看着我被辣得蹙眉叫嚷的样子开怀大笑时的情景。

*1952 CHAPPELL, H. R., 16 Raynes Road, Ashton, Bristol 3.
*1903 CHAVASSE, Rev. S. E., 18 College Road, Reading.
*1960 CHERLIN, D. L., 68-05 Utopia Parkway, Flushing 65, New York, U.S.A., *and* 12 St. John Street, Oxford.
 1948 CHEYNE, Rev. A. C., New College, Mound Place, Edinburgh 1, *and* 51 Swanton Avenue, Edinburgh 10.
*1940 CHIAO, S. C., 7 Yung-ning, Hutung, West City, Peiping, China.
*1951 CHIEVELEY-WILLIAMS, T. A. J.
*1949 CHILDS, R. B., Department of English, University of Arizona, Tucson 25, Arizona, U.S.A., *and* 6426 Colle Herculo, Tucson, Arizona, U.S.A.
 1950 CHILL, E. S., 430 West 118th Street, New York 27, N.Y., U.S.A.
*1941 CHITTY, J. A.
*1951 CHITTY, R. J.
 1945 CHIU, K., Teachers College, Peiping, China.
 1927 CHOWN, H. M., 7 East 601st Street, Shauks Village, Orangeburg, N.Y., U.S.A.
*1937 CHRISTIE, J. D., 12 Woodlands Drive, Glasgow, C.4.
*1933 CHUBB, Dr. J. N., 39 Hill Road, Bandra, Bombay 20, *and* Gujerat College, Ahmedabad, India.
 1927 CHURCH, R. W., 620 Lilac Drive, Santa Barbara, (Montecito), California, U.S.A.
*1896 CIANTAR, G.
*1921 CLARK, Dr. A. M., 34 Bruntsfield Gardens, Edinburgh 10.
*1944 CLARK, D. A. H.
 1944 CLARK, E. J. G., Dover Barton, Reigate, Surrey.
*1919 CLARK, Sir George, The Hollands, King's Sutton, Banbury, Oxon.
 1951 CLARK, I. H. B., White House, Welbourn, Lincoln.
 1942 CLARK, J. A., 17 Broadway, Southbourne, Bournemouth.
 1944 CLARK, J. B., 25 Duesbery Street, Hull, Yorks.
 1892 CLARK, J. N., D'A., Etwall Lawn, Derby.
*1958 CLARK, M. J., 99 Portland Road, Edgbaston, Birmingham 16.
*1957 CLARK, W. B., Tilnhurst, 64 Tiln Road, Retford, Notts.
*1935 CLARK, W. D., D6 Albany, Piccadilly, London, W.1.
*1901 CLARKE, C. C., Manor Farm, Stone Allerton, nr. Axbridge, Somerset.
*1939 CLARKE, D. A., 7 Grove Park, Liverpool 8.
*1933 CLARKE, Dr. E. G. W., M.C., 'Crix', Binfield, Bracknell, Berks.
*1919 CLARKE, G. R., Evenlode, St. Mary's Road, Adderbury, nr. Banbury, Oxon.
*1934 CLARKE, J. E. C., 23 Broad Street, Bristol 1.

Oriel College Directory

A–D

FOR THE USE OF MEMBERS OF THE ORIEL SOCIETY

牛津大学 Oriel 学院国录
我的治家在第20项

OXFORD:
THE HOLYWELL PRESS LTD.

左图为外公在牛津大学学习时的同学录，外公的名字在左图划线处。

1939 年冬，大姨妈焦鼎文、大舅焦国杰、母亲焦俊保、三姨妈焦景文（从右至左）的合影（摄于北平西城永宁胡同）。

1940 年，母亲焦俊保（右）与三姨妈焦景文摄于北平西城永宁胡同宅院中。

右图：1940 年，外婆与母亲焦俊保（后右一）、大舅焦国杰（后中）、三姨妈焦景文（后左一）合影（摄于北平西城永宁胡同家中宅院）。

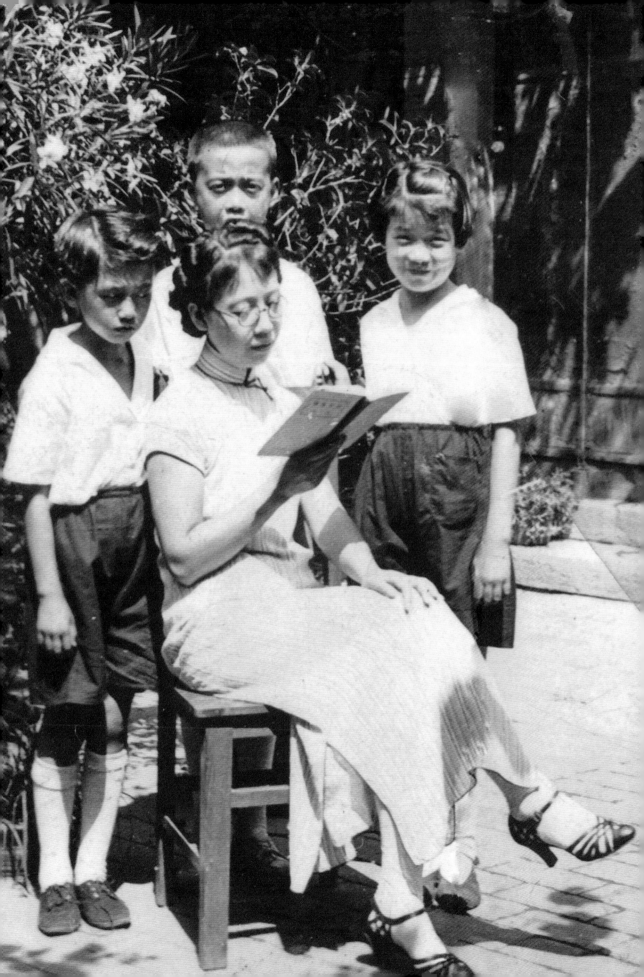

北平沦陷后，外婆把孩子们看管得很紧。平时为了防止日本兵闯进来，永宁胡同7号院的院门始终紧闭着，四个孩子除了上学，外婆只准他们在院子里玩耍。这一方小小的天地，竟也给童年的母亲和兄弟姐妹带了无限的欢乐。闲暇时，他们在院落里追逐嬉戏，在藤萝架下荡秋千，在小方桌旁玩纸牌，夜晚则围拢在家中女佣刘妈身边，听她讲乡村故事，或者兄弟姐妹依偎在一起仰望星空，细数着天上的流星。

外婆也偶尔带孩子们逛逛中山公园、北海公园等公园。那时的中南海很荒芜，游人可以自由进出，不用买票。春天时，外婆带着孩子们常常从南海进园，沿着西堤，在杳无人烟的荒草中挖掘一种叫马齿苋的野菜。这样边采边行，一直到中海，登上瀛台，从西北角的旋转楼梯上到二层空荡荡的大厅里游玩。接着再去万字廊，聚在一起倾听着一泉清水在迂回曲折的水槽中冲击流淌，发出悦耳的声音，临近中午才尽兴而归。

回到家里，外婆将那些采来的野菜，用开水焯一下，晾干放到通风处存放。过年时，再将其用温水泡软，洗净剁碎后与白菜馅、猪肉馅和在一起包饺子，倒是别有一番味道。

除了这些，外婆在北平最大的娱乐活动就是看戏了。

外婆在永宁胡同的家距离长安大戏院较近，所以这里是她经常来光顾的地方。

按着戏园子里的规矩，一位成年人买票听戏可以免费携带两名儿童进场，只是儿童没有座位。有时候戏还没有散场，年幼的三姨早在外婆怀中睡着了。为了避免小孩子吵闹累赘，外婆多是带着年龄相对较大的大姨妈和大舅舅去看戏。大姨妈后来喜爱京剧，应该是这一时期的耳濡目染了。

长安大戏院里人来人往很热闹，外婆一坐下来便全神贯注地听戏，两个孩子立在外婆身后，眼睛却是紧盯着外婆座前的八仙桌上摆放的花生蘸、鱼皮豆和瓜子等零食咽口水。还有一个很吸引孩子们眼球的，是戏园子里的伙计们"扔热手巾把"的绝活。不管观众座位远近，只要招招手，伙计们便能将热手巾准确地抛到你手中。那些在空中抛来抛去、多少让人眼花缭乱的热手巾，实在让两个孩子觉得有些不可思议，也十分有趣了。

大舅与母亲的戏装照

　　外婆一生喜好京剧。或许是这个原因，外婆带着童稚未消的大舅焦国杰和母亲焦俊保于 1940 年拍摄了这张戏装照。大舅（右）饰黄天霸，母亲（左）饰朱光祖。

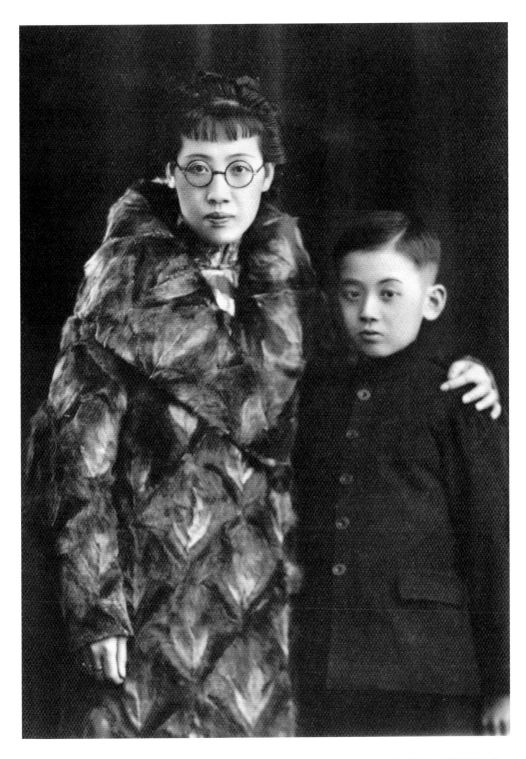

1940 年冬，外婆与大舅焦国杰合影。

1941 年 2 月，外公与英文著作家蒋彝（右）合影（摄于英国牛津郊外的潘地酒馆前）。

1942 年，外公从英伦留学归来留影（摄于重庆）。

1941 年 12 月太平洋战争爆发后，外公决定乘英国海轮回国。他怎么也没有料到，在这次归国之旅中，自己几乎被死神召唤而去。

据外公生前回忆，旅途中的一天早晨，习惯早起的外公独自跑到轮船甲板上，一边悠闲地喝着咖啡，一边迎着习习海风欣赏太阳在大西洋上冉冉升起的景色。

突然轮船"嘭"地发出一声巨响，一阵剧烈摇晃后，船体很快地向海面倾覆了下去。外公急忙抓起一个救生圈，纵身跳入海中，幸运地爬上几个船员驾驶的救生筏，漂泊在海水中。稍后又有一些男女旅客相继跳入海中。很快，轮船连同许多未及出逃的旅客，便在海面上消失了。能听到的，只是暂时幸存的人们发出的哭救声。

外公初时也有着强烈的求生愿望，努力坚持着。但在死神的威胁下，人们的精神都渐渐麻木了，几乎毫无意识地在海面上漂浮着，海面上一片寂静。

这样度过了整整 7 个小时，直到英国皇家空军的飞机和附近的挪威渔船闻讯前来营救，外公才侥幸生还。

事后得知，这艘轮船是被德国纳粹的潜艇击沉的。

可能为这次惊吓所致，外公回国不久，便患上了严重的糖尿病。这个疾病，折磨了他整整后半生。

1942 年，外婆和四个儿女离开北平前的合影（前左为大姨，后左为大舅，后中是母亲，后右为三姨）。

　　俗话说，祸不单行。当外公在大西洋上九死一生的时候，远在北平沦陷区的外婆和孩子们，经历着另一场灾难。

　　1941 年，因汉奸告密，外婆被指为"抗日家属"。

　　此后，外婆和儿女们在永宁胡同的住宅，被日本宪兵严密监视起来，鬼子和汉奸们时不时地来查户口，询问家中男主人的下落，后来发展到夜半时分到家中盘问、搜查。三姨妈焦景文曾告诉我，那年的一天下午，他们居住的永宁胡同宅院大门被人敲得山响，外婆心知不妙，却很从容，先把孩子们集中到西厢房，嘱咐他们不要乱跑乱动，然后镇静地打开大门。

一队日本兵蜂拥而入，用上着刺刀的步枪指着外婆和孩子们狂叫："不要动的，动的死啦死啦地！"

接着有汉奸逼问外公的下落，外婆一概推说不知，日本兵们大怒，开始大肆抄家，把每个房间和整个院落翻得七零八落，却毫无所获，只得悻悻地滚了。其实，挂在墙边的信褡子里，恰巧有一封外公不久前自英国寄回的信，日本人把信褡子里的信件倒了一地，却未发现这封信，不能不说是万幸了。

外婆的几个孩子中，大姨妈焦鼎文最为年长，当时已经 15 岁了，很多事情还有清晰的印象。她回忆说，外公的这封信是 1941 年 3、4 月间收到的，信封已经很破敝了。从信封邮戳上看，这封信大概在路上走了几个月。信文很短，外公只说要离开英国了，以后再找机会看望家人。

这次抄家之后，日本人和汉奸们经常上门骚扰，看来北平是待不下去了。

外婆既担心这个失去经济来源的家庭难以持久，又忧虑落入残暴的日军魔窟，终于千方百计地打听到一条闯过沦陷区封锁线前往大后方的路线，不得不铤而走险，于 1942 年 5 月带着四个孩子秘密弃家逃往大后方的战时陪都重庆。

外婆一家有个年长的邻居姓王，夫妻俩都是河北元氏人，儿子在战争中失散了，与儿媳、孙女一起生活。王老先生不知怎么打听到外婆的出逃计划，一再上门央求把他在医院做护士的儿媳带到大后方去。外婆没法推脱，也只好同意了。

大姨妈焦鼎文记得她们一家人和邻家护士是从北平前门站上了火车，车上旅客稀少。外婆十分机警干练，嘱咐大家路上不要随便说话，保持安静，一切由她出面应付。她则声称自己是商人太太，迫于生活到外地寻找丈夫。

火车行驶到终点站河南商丘，一行人又雇骡马大车往安徽亳州进发。当时亳州还在国民党军队控制下，外婆一行人刚在亳州的一家小旅馆内安顿下来，就有几个国民党士兵进来协助兑换沦陷区和国统区的货币以赚取差价。

外婆等一行人在亳州略事休息，便又雇车前往河南漯河、舞阳，那里有外公在税务部门工作的堂弟焦一民，协助外婆雇了四辆人力架子车，再经郏县、许昌、龙门去洛阳。为了躲避日本鬼子和劫匪，一行人不敢走大路，只能择熟悉的小路行走。

当时河南大旱，一路骄阳似火，土地龟裂，田野里的庄稼矮小枯黄，树木和野草也都一副无精打采的样子。由于天气太热，每天凌晨天刚放亮，大家便早早起身上路，中午天热难耐，只好找地方打尖休息一段时间再前行，入晚则在路边鸡毛小店投宿。

70 多年后，90 多岁高龄的大姨妈焦鼎文还清晰地记着当时的情形："晚上入住的旅店极简陋，房间都很小，进门大多就是一条土炕，炕上臭虫、跳蚤横行。我们七手八脚把行李从车上卸下，搬到炕上铺开，常常来不及洗漱就睡着了，夜里浑身上下被臭虫、跳蚤叮咬遍了也未察觉。天刚蒙蒙亮，车夫就吆喝着大家起身赶路。日子一长，我们几个孩子都能手脚麻利地捆扎行李。"

"天气实在太热了，白天我们躺在架子车的行李上，烈日把脸上的皮肤灼伤了，慢慢形成黑壳，然后结痂脱落下来，里面是新长出来的粉红色的嫩肉，一触碰就疼。"

"有一天行进在路上，妈妈与小妹焦景文同乘一辆架子车。小妹经太阳一晒，晕沉沉地竟睡着了，无意间将胳膊伸进车轮的车条里，'哇'的一声惨叫。'停车，快停车！'妈妈吓得连连惊呼。车停住了，妈妈才小心翼翼地把小妹的胳膊拉出来，所幸只是皮肉伤，没有伤及筋骨。"

"我们一路上备极艰辛，常常是饥一顿饱一顿。有一天时近中午，还没有找到打尖吃饭的地方，一行人饥肠辘辘。突然发现路边有一个村妇卖包子。我们几个孩子高兴极了，纷纷跳下车狂奔过去。妈妈给我们每人买了一个大包子，我一口咬下去，里面竟是盐水和嚼不动的大葱枯叶，让人扫兴极了。"

"我不敢观看《一九四二》这部影片，当年在河南逃难的那段痛苦经历给我们留下的印象太深刻了！"回首这段往事，大姨妈焦鼎文眼里噙满泪水，喃喃地说。

就这样，外婆一家人在兵荒马乱中长途跋涉，风餐露宿，辗转于河北、安徽、河南等地。经历了千辛万苦后，总算穿越过国统区和日占区间的严密封锁线，来到洛阳。在洛阳，外婆找到外公的好友梁子清先生，他安排外婆一家人乘"闯关车"去灵宝。当时，由于洛阳至灵宝之间的公路，时时遭受黄河北岸日军的炮击，外婆只能带着孩子们夜间乘运货的闷罐火车"闯关"，进入陕西，再翻越秦岭山脉，艰难地向成都进发。

母亲多年前回忆，当一家人行至四川剑阁时，为了躲避日军飞机轰炸，趁夜色分乘一队运货的卡车在崎岖的盘山路上行进。不料，母亲和舅舅乘坐的卡车跌下山崖，坐在车箱货物上的一位乘客和他携带的几只公鸡都当场被摔死。他们兄妹因坐在驾驶室里，总算幸免于难，只是舅舅的一只耳朵被撕裂，血流满面。卡车司机也跌得浑身是血，他艰难地爬出驾驶室，小心翼翼地将母亲和舅舅兄妹俩抱置于路边，自己趁着夜色溜之大吉了。不多久，一伙衣衫褴褛的山民呼啸而至，将车上的货物一搬而空，只余下卡车残骸、一具尸体和两个在路边瑟瑟打抖哭泣着的孩子。待外婆带着两个姨妈乘坐后面的车辆赶到时，看到两个儿女劫后余生，不禁搂在一起痛哭。好在外婆年轻时有过做护士的经历，急忙为舅舅处理了伤口，一家人才继续前行，直到1942年8月初到达成都。

20世纪70年代初，我们随父母落户在辽西地区的一个偏僻小山村里，家里像其他农民家庭一样，饲养了狗、猫、猪和一群鸡鸭。但母亲坚决不准饲养白色的公鸡，起初我们不明就里，后来方知在四川剑阁发生的那起车祸，被摔死乘客所携带的公鸡，都是白色的。可见这件事给儿时的母亲留下了多么深刻的记忆。说来好笑，忽然有一天，不知从哪里跑来的一只白色公鸡，大摇大摆地混入到我家的鸡鸭群中，母亲几番驱赶，人家就是不走，母亲也只得做罢了。

初到成都，外婆一家人入住到春熙大饭店。当时的饭店与今天的星级酒店完全是两个概念，设施十分简陋。外婆一家人住的房间仅14平米，室内只有一床一桌而已。外婆带着三姨妈焦景文睡在床上，大姨妈焦鼎文和大舅焦国杰、母亲焦俊保则打地铺睡在地下。有意思的是，春熙大饭店名曰饭店，却不供饭。好在成都城内餐馆林立。外婆和孩子们长期生活在北方，对成都的饮食颇感新鲜。母亲他们兄弟姐妹几人格外钟情于大米饭配榨菜炒肉丝，真是百食不厌，每天都吃得津津有味。外婆则喜欢成都的清汤炸酱面和肉包子。

与外婆一家一路同行的那位护士，到达成都后很快联系到华西医学院工作，便与外婆依依惜别，搬走了。

外婆考虑一家人久住饭店终究不是长久之计，所以在成都西门外茶店子附近一个叫叶家祠堂的地方找了住处。当地的房屋很简陋，无非是竹篾片外涂抹泥巴为墙壁，再以稻草为屋顶，便是住处了。住房四周都是稻田和竹林，十足的乡村景色。母亲他们几个孩子家对这样的生活环境倒是充满了新奇感，什么稻田啦，竹林啦，还有当地充当交通工具的"鸡公车"啦，都是在北平不曾见过的。让他们格外惊奇，还有每天经过的竹林小路：昨天刚刚走过的小路上，一夜豪雨后，路面上竟冒出许多嫩嫩的笋尖来。所谓"雨后春笋"，看来真是名不虚传啊！更让他们高兴的是，每逢集日，兄弟姐妹几人便穿着草鞋，欢天喜地地结伴去土桥赶场（逛农村集市——作者注），买零食吃。

这样的快活日子没过多久，为了方便孩子们上学，外婆又将家迁到了一个叫金牛坝的地方，这里的房屋都是砖瓦房，比起叶家祠堂的茅草房，条件优越多了，面积也大了些。

大姨妈焦鼎文这时读高一了，被送到成都北部崇义桥附近的华美女中住读。该校原址在成都市内的陕西街，后为躲避日机轰炸才迁到此处。这是一所教会学校，学生们就餐前都要集体齐唱谢饭歌，歌毕，道声"阿门"，方可就餐。

学校坐落在一所寺庙里，四周都是油菜田，还有一条清澈的小溪缓缓流过。油菜花盛开时，一片金灿灿的海洋，使人仿佛置身于美丽的油画世界里。学校宿舍屋顶装饰有亮瓦，夜晚就寝时，举头便能望见天空中一轮皎洁的明月，又像生活在童话氛围之中。

但战争时期大后方的生活毕竟是艰苦的。当地没有电，晚自习时，每位学生的书桌上有一盏桐油灯供照明之用。于是就有嘴馋的女生用圆规刺着白果在灯上烘烤，"啪"地一声，果皮爆裂，果实就烤熟了，味美无比。待值班老师闻声赶来时，大家都若无其事地俯首温书，似乎什么事情也没有发生过。不久，大姨妈焦鼎文的脚踝处生了一个疮，学校又无医药，好久不能愈合。有同学建议可以吃海椒试试，她试了试，果然有效果！

大约是 1943 年夏季，外公来信说，秋天要从印度加尔各达回陪都重庆公出。外婆立即带着孩子们经内江迁居重庆。途中在一个叫珊瑚坝的地方住宿了一晚。旅馆不大，推开窗户，可以望见长江中的一个江心岛，据说冬天枯水期时可以开辟为机场。次日清晨，外公的一个朋友请外婆一家在外用早餐，大姨妈焦鼎文多吃了些油条，回到旅店便上吐下泻，颇折腾了一番。店家伙计说油条是黑心商人用桐油炸的，多食便会中毒。

到了重庆，外婆一家暂时借居在外公的好友彭郁斋先生家里。彭先生是一家钢厂的总工程师，一家八口住在重庆磁器口附近的一栋房子里。外婆一家五口人挤进来，房间顿显狭窄了许多。外婆知道大家这样挤在一起，时间长了很不方便，正焦急间，忽然听说重庆小龙坎附近新成立的中正中学正在招生，而且学生可以住宿，赶紧为四个孩子办理了入学手续。

不久，外婆在小龙坎附近买到了一处房子。房子是木制的两层楼，面积不大。外婆平时住楼上，孩子们周末回家就睡在楼下。这所房子也很简陋，厨房、上下水、厕所等设施一概没有，外婆雇人在院子里搭个棚子，修起炉灶，权作厨房了。当地没有自来水，生活用水都靠花钱买挑夫送的水。外婆像邻居们一样，在棚子里准备了两口大缸，挑夫将含着泥沙的水倒入一口缸后，外婆急忙将明矾投入，快速搅动，待泥沙沉淀后，再将清水舀入另一口缸内备用。院外不远处，有个长满水葫芦的池塘，成了人们刷洗马桶的地方。外婆养了几只鸭子，终日在池塘里嬉戏。鸭子们生的蛋，成了一家人周末改善生活的佳肴。除了这几只鸭子，不知哪位邻居家的一只小母猫，也成了外婆家的常客。外婆向来喜欢猫，在北平永宁胡同居住时，外婆曾养了一只大花猫，被外婆唤作"花老五"，意即她的第五个"孩子"。每天一有空闲，外婆便将"花老五"抱到身上，亲昵得不得了，后来外婆举家出逃，这只大花猫也就不知所踪了。猫颇通人性，邻居家的这只小母猫似乎觉出外婆更爱护她，索性赖在外婆身边不走了，以后便在外婆家里生了一窝小猫。突然有一天，小母猫不见了踪迹，估计是被原来的主人捉住圈禁起来了，可怜一窝小猫竟被活活饿死了。这件事让外婆难受了好久。

初到小龙坎时，当地的一个地头蛇见外婆一个女人家带着几个孩子，以为可以欺负，便三天两头前来寻衅。外婆可是见过世面的人，很快通过朋友找到当地袍哥头目，教训了这个家伙一番。以后此人见了外婆一家人，态度恭顺得不得了，真可谓"前踞而后恭"也！

这年秋天，外公因公务从印缅前线临时飞返重庆。他思家心切，一下飞机便直奔小龙坎的家。当时孩子们都在学校上课，外婆特意陪着外公匆匆赶到中正中学，逐个看望四个孩子。大姨妈焦鼎文至今还记得，见面时外公用西式礼节，轻轻地吻了吻她的额头。从1937年抗日战争全面爆发，历经6年，孩子们终于再次见到了自己的父亲！

抗战全面爆发后，外公在北平担任河北高中校长时的一些学生陆续辗转入川，有的加入青年军，有的考入中央大学（今南京大学——作者注）等高校。他们听说师母一家人来到重庆，纷纷前来看望。中央大学位于沙坪坝，距小龙坎步行仅半小时路程，往来十分方便，以后每逢周末或节假日，外婆家里年轻人盈庭，平添了不少生气。外婆很喜欢他们，特地将楼上她的卧室隔出一半，权作客厅，专供这些年轻人和自己的孩子们聚会之用。

有一个星期天，有几位在青年军服役的学生来看望外婆一家人，外婆很高兴，决定打打"牙祭"，特别派三姨妈焦景文到小龙坎的菜市场里买猪肉。一会儿，三姨妈拎着一条猪肉回家了。外婆一看猪肉的肥膘是黄色的，肯定是病猪的肉，不能吃的，赶紧让三姨妈去退换。谁知那位摊主欺负三姨妈年幼，不仅不给退换，还横眉竖目地操起菜刀往肉案上猛剁，吓得三姨妈哭哭啼啼地回到家里。座中一位学生见状，起身说道："我去解决吧。"便牵着三姨妈找到那个摊主，沉着脸把肉往案上一扔，厉声喝到："你卖的什么东西，赶紧把肉给我换了！"摊主见是位军人找上门来，知道不好惹的，乖乖地换了一块好肉。

日子过得好快，1943年的中秋节到了。外公在中央大学等高校读书的学生们无家可归，纷纷到外婆家聚会，家里顿时热闹非凡。外婆特地买了不少月饼、果品款待大家。晚饭后，外婆一家人与这些年轻人们挤在楼上小小的客厅里，一边赏月，一边说说笑笑，十分快活。后来有人提议唱唱歌，大家齐声响应。母亲当时 13 岁了，见大哥哥大姐姐们唱得好，也不示弱，亮开歌喉，大胆地献上一首怀念故乡的歌。歌词大意是：

> 月儿高挂在天上，
>
> 光明照耀四方，
>
> 在这寂静的深夜里，
>
> 想起了我的故乡。

一曲歌罢，屋里静悄悄的，没有人说话，也没有人鼓掌，气氛很压抑。一会儿，终于有人忍不住哭出声来，顿时引起哭声一片！是啊，每逢佳节倍思亲，中秋佳节是亲人团聚的时光，可这些游子们家在哪里，亲人在哪里？国破家亡，怎能不让人痛入心扉啊！

外公（右一）与同事在加尔各答的合影

当初，外公准备结束在牛津大学的学习生涯回国，他从英国乘海轮冒死回国，打算经缅甸抵云南昆明，再乘飞机到重庆，与外婆和孩子们团聚。谁知在昆明遇到了几年未见的老友杜聿明将军。时任中国远征军副总司令的杜将军见到外公大喜，因为他正寻觅协助他办外交事务的人选呢。应杜将军之邀，外公放弃了去重庆与家人团聚的打算，赴印度出任中国远征军驻加尔各答办事处主任，负责中国远征军与盟军的联络工作。

中国远征军作战失利后，外公一度滞留在加尔各答。

1943 年春，我的祖父郑洞国将军奉命飞赴印度，相继担任中国驻印军新 1 军军长和中国驻印军副总指挥。祖父深感外公不仅是老友，更是难得的国际问题专家，于是继续聘请他担任驻加尔各答办事处主任，直到印缅反攻战役取得完全胜利。

上面这幅照片是 1945 年 1 月 25 日，外公与同事在加尔各答拍摄的。当时外公因病治疗后，刚刚出医院。

大姨妈焦鼎文（左）、母亲焦俊保（中）和三姨妈焦景文离开重庆前的合影。

1945 年 8 月，中国抗日战争终于胜利了！

外婆和孩子们总算结束了战乱年代颠沛流离的流亡生活，于 1946 年 6 月高高兴兴地举家迁回阔别四年的北平！

通过这张照片可以看出，经历了几年逃难生活，她们的年轻的脸庞上，似乎多了几分成人的气息。

1946 年夏，母亲焦俊保（左）与三姨妈焦景文在外公于沈阳的别墅前合影。

1946年夏，时任东北保安司令长官部副司令长官、代司令长官的祖父郑洞国将军（右二穿军装者），陪同外公（左四）、外婆（左三）等游览沈阳北陵公园。

东北光复后，时任国民党东北保安司令长官部司令长官的杜聿明将军仍挂记着外公。

杜聿明将军就任东北保安司令长官部司令长官不久，一次飞返重庆向蒋介石汇报东北战况后，联络到当时还在重庆逗留的外公，一再坚邀他同到东北做事。

外公感念老友的器重和厚爱，也对抗战胜利后的国民政府抱有幻想，遂于1946年初前往东北，就任东北保安司令长官部总顾问。

当时的杜聿明将军踌躇满志，指挥所部国民党精锐部队出山海关，大举进兵东北。杜的指挥部，就设在火车专列上。外公也随杜在专列上办公。军队每攻取一地，外公便代杜召集当地士绅开会，征求意见，任命官吏，建立政权。其间，杜与美国特使魏德迈等的会晤和谈判，均请外公担任翻译。

一次，外公陪同杜聿明前往在葫芦岛附近海域停泊的美军军舰上与美军将领会谈。美海军水兵们为了迎接国民党高级将领们，特意冲洗了军舰甲板。由于天气寒冷，甲板上的水很快结成了冰甲。身材高大、行动笨拙的外公刚随杜聿明将军一行踏上军舰，稍不留神，便重重地滑跌在甲板上，眼镜摔飞了，门牙也磕掉了两颗，搞得满脸都是血。众人大惊，七手八脚地将他扶起，帮他擦拭了脸上和衣服上的血迹，并简单处置了一下伤口。外公定了定神，强忍着伤痛完成了会谈的翻译任务。以后，外公只好专门配制了两颗假牙。某次饭后，外公在家中冲洗假牙，孩子们看到外公裸露的牙床，都很惊讶，围拢过来观看。生性活泼的外公并不以为忤，操着浓浓的河北井陉方言自嘲道："俺就是那个门牙豁子！"

当时，杜聿明将军除了与美军打交道，也常与苏军谈判。杜聿明将军到大连与苏军交涉时，也指定外公随行，参与在军舰上举行的对苏谈判。杜认为外公是个难得人才，非其他僚属所能替代，因此对其极为倚重。杜曾对人说："我宁失千人，勿失实斋一人。"

国民党军队进驻沈阳后，杜聿明将军立即在沈阳创办东北中正大学，特请外公担任该校教授兼教务长。

杜聿明将军虽为军人，对创办这所大学却异常热心和重视。但他只负责筹措建校经费，其他事都全权交付外公办理。外公事先特别向杜聿明将军提出要求，中正大学建成后，要让学生安心读书，国民党、三青团等政治组织一律不得进入校园，杜都一口允诺。此后，外公仅用了一年多时间，便完成了学校选址，盖教学楼、宿舍楼，以及设立各院系等事项，还在北平等地邀请了诸多教授名流任教，不仅保证了学校如期开学，还一举成为东北地区颇具影响力的高等学府。

1946年夏，祖父郑洞国将军（前右二穿军装者），陪同外公（前右一）、外婆（后左一）
等游览沈阳北陵公园，前左一为三姨妈焦景文，祖父、外祖父身后青年女子为母亲焦俊保。

对这件事，外公一直引为自豪。

上页图是 1946 年夏，时任东北保安司令长官部副司令长官、代司令长官的祖父郑洞国将军（右二穿军装者），陪同外公（左四）、外婆（左三）等游览沈阳北陵公园时的情景。图中右三、右四为东北中正大学教授、东北保安司令长官部秘书长余协中夫妇，左二、左一为母亲焦俊保和三姨妈焦景文。

然而，事与愿违。外公在东北仅逗留了一年多，却亲眼目睹了国民党政权的种种腐败无能，内心对其失望到了极点。加上杜聿明将军后来也被陈诚排挤出东北，于是坚决辞掉了在东北的一切职务，于 1948 年初重回北平教育界，出任北平师范大学教授、教务长。他打定主意，今后埋头从事教育事业，再也不涉足国民党官场了。

但是，外公与杜聿明将军之间的深厚情谊，却延续了他们彼此的一生。

杜于淮海战役兵败被俘后，一直接受党和政府的教育改造，1959 年获得特赦，从此成为中华人民共和国的公民。外公与杜将军同住北京，工作余暇时又得以时常往还。

本来杜将军与外公均长于谈吐，但奇怪的是，两人单独相处时却常常相视无语，似乎一切尽在不言中。

20 世纪 80 年代初，杜将军在京病逝。杜病重期间，三姨妈焦景文几次陪同外公去医院探视，曾亲眼目睹两位毕生挚交久久地相互无语凝视，眼神中现出对彼此的无限信任和留恋，令人观之不胜唏嘘。

外公在东北前后仅年余，却结识了一大批朋友，其中最为著名的当属国民党东北行辕主任熊式辉和抗日英雄马占山了。

身为国民党在东北最高行政和军事长官的熊式辉，是国民党内资深政客，也是政学系的核心人物之一。此公虽然拥有上将军衔，军事才能却是差强人意，其最大长处还是搞政治。20 世纪 30 年代初，他曾出任江西省政府主席，对江西经济建设有过一定建树。除了过人的行政能力，熊氏在政坛上更能逢迎上意，长袖善舞，一度深得蒋介石信任。据说蒋介石在江西"剿共"驻节南昌时，熊式辉特地将市内东湖、西湖、象湖疏浚，堆砌淤泥成州，再广植花草树木，加盖亭榭楼阁，名为"百花洲"，蒋观之大为愉悦。于是有好事者撰联讥讽他："一生事业在三湖，半世姻缘兼两顾。"（"两顾"指熊式辉前后两位夫人顾竹筠、顾柏筠姐妹——作者注）

外公初到东北，熊式辉认为他与杜聿明关系密切，一开始并不信任他。后来相处久了，觉得外公为人正派，能力超群，特别是没有国民党的政治色彩，很符合政学系的政治标准，转而大加笼络。被陈诚排挤出东北后，不甘在上海做寓公的他又想通过改组政学系东山再起，特地找已辞官回到北平任教的外公做帮手，并派一位助手秘密住到外公家中起草拟成立的政治组织笃行社章程及相关文件。据外婆回忆，这个文件起草人烟瘾很大，又随地吐痰，其所居住的西厢房终日烟雾缭绕，痰迹斑驳，很招人讨厌。

外公对国民党官场早已失望，只是碍于朋友情面，对熊式辉也不得不略加敷衍，还曾应熊之邀专程到上海出席笃行社成立大会捧场。后来国民党政权在大陆行将崩溃，熊式辉的这个笃行社也就不甚了了了。

马占山将军是打响黑龙江江桥抗战第一枪的抗日民族英雄，抗战胜利后被蒋介石安排到东北担任东北保安司令长官部副司令长官，其实等于挂名。马也看穿了蒋介石不过是借他名声在东北笼络民心，不甘被其利用，干脆找个借口回到北平长住了。外公与马将军这两个似乎毫不搭界的人如何成了朋友，个中因缘我们至今不得而知。外公从东北返回北平后，马占山将军多次到外公家中做客，大姨妈姐妹几人至今对这位身材瘦小、双目炯炯有神的传奇式人物印象颇深。北平和平解放前夕，马占山将军与外公共同为保护这座千年古都而奔波，彼此更成为志同道合的同志。可惜马将军因患癌症，于 1950 年过早去世了。

外公在东北的众多朋友中，还有一位叫李年的军官。李年官拜东北保安司令长官部政治部少将处长，是一位才华横溢的年轻人，人很正派，活泼能干，外公很喜欢他。

李年也看出外公做人磊落，思想开明，而且只是作为杜长官的私人朋友来东北做事的，与那些善于投机经营的国民党政客们完全不同，故而与外公格外亲近，有事无事时常来外公住处谈天说地。

那时外婆既要照顾外公，又要顾及在北平读书的孩子们，特地将自己的三堂姑请到北平西铁匠胡同家中照料家务，自己则在北平、沈阳两地奔波，很多事情需要李年协助办理。这样一来二去，李年夫妇与外婆也熟稔起来，成了外公外婆身边十分信赖的人。

每逢外婆带着孩子们来沈阳过寒暑假，李年夫妇都执意要请外公一家吃饭。有着几十年政治经验的外公，通过长时间观察李年的谈吐和行止，已经感觉到眼前这个年轻人很不寻常，很可能是共产党的人。但他与共产党素无成见，一切佯作不知，只是为了避嫌，借口事忙，便让孩子们与他不时聚会。某次外婆和孩子们要动身返回北平时，李年提出帮他携带一件东西去北平。有过地下工作经验的外公外婆一看这件东西，就知道是拆装的电台发报机，却装作不懂，将其与其他物品一道送上火车，并安全地交给北平的接收人。后来得知，北平中共地下党当时急需电台发报器材，李年受中共组织委派，借助外公当时的政治身份，竟将这项艰危的任务轻而易举地顺利完成了。

1947 年 9 月底，国民党北平特务机关侦破了北平一个中共地下电台，并由此展开了一连串的大搜捕，致使中共西安、北平、兰州、承德与沈阳等许多重要地下情报网和电台相继遭到严重破坏，这便是轰动一时的"王石坚案件"。

在这种情形下，李年也被捕了。据说他在狱中受尽酷刑，却咬紧牙关没有暴露身份，随后以"共党嫌疑犯"身份被押往南京坐牢。1949 年初，国民党南京法院宣布李年等"因证据不足，宣告无罪释放"。随后李年回到北平，却再未与外公联络。

但后来的事情却实在令人唏嘘："文革"后期，李年所在单位派人来外公家中外调，竟说李年是当时国民党打进共产党内部的"特务"，已经"畏罪"自杀了，要外公对这段历史给予证明。外公大惊失色，连连对来人说："李年这个人我很了解，他是你们的人啊，怎么可能是国民党特务？"无论对方如何施压，外公坚决拒绝做这样丧尽天良的伪证。来人走后，一向好动的外公多日默坐家中，频频垂泪。是啊，20 年前那位正直、活泼的忘年交李年竟这样冤死了，外公在精神上无论如何难以接受。

1946年秋，大姨妈焦鼎文（后）、母亲焦俊保（前右）、三姨妈焦景文三姐妹的合影（摄于北平）。

大姨妈焦鼎文（左）与三姨妈焦景文的合影（1947年夏摄于北平西城西铁匠胡同8号新宅北屋阶前）

　　抗战胜利后，外公外婆一家人从重庆迁回北平，由于原在永宁胡同七号的住房已让与叔外公一家居住，便重新在西城西铁匠胡同营建了新院宅。外公外婆从此在这个四合院里生活了 30 余年，母亲和姨妈、舅舅们从这里走向社会，我们的童年、少年时代也常在这个院子中嬉戏。20 世纪 90 年代后，随着北京金融街的建设，这里除了还保留了原有胡同的名称以外，其他均已荡然无存，但这院子中一草一木，却长久地留存在我们的记忆中。

　　外婆生前说，购买、修建这个宅子的钱，是杜聿明将军馈赠的。但要强的外公事后还是设法筹足了这笔钱，通过杜身边的副官还了回去。不久外公向杜提起此事，将军听了怔了怔，口中只是含糊地应了一下。外公据此推测，他大概根本就不知道这回事，那笔钱也许早被副官中饱私囊了。那时国民党官场的腐败，真是比比皆是。

大姨焦鼎文（左）与三姨焦景文的合影（1947 年秋摄于颐和园知春亭前）

建国后

外公外婆的经历

1949 — 1976

中华人民共和国的成立，掀开了中华民族历史上崭新的一页，展现出一片欣欣向荣的喜人景象。

外公满怀激情地投身到火热的社会主义革命和建设事业中。不过，中国人民选择的社会主义道路却是不平坦的。先有1957年的"反右"扩大化，继而又有1966年到1976年"文化大革命"这场空前的社会浩劫。

在"文革"中，外公外婆和他们的家庭饱受冲击，但外公外婆始终坚信困难是暂时的，一切都会过去。他们以乐观的心态面对一切，为他们的家庭坚守着彼此深藏心底的厚爱。

他们更坚信，阴霾一旦散去，祖国的春天更美好。

1949 年元月，千年古都北平宣告和平解放。外公外婆和全家人从此走向了新的生活！

作为半生经历了晚清、北洋和国民党政权的爱国知识分子，外公也为北平的和平解放作出了自己的贡献。

时间追溯到 1948 年夏，外公曾断然拒绝了蒋介石的再次拉拢。

有一天，外公正和卢郁文、何思源等好友在西来顺饭庄餐叙，忽然听到报童大声叫嚷："南京专电：国民党北平市党部主委吴铸人辞职，任命焦实斋为国民党北平市党部主委。"大家都很诧异，以为外公暗地里与蒋还有联系。外公坚决表示："这是老蒋的惯用手法。我这个国民党员早被他开除了，决不会再当这个市党部主委！"

以后外公拒绝到市党部视事，也拒收任何市党部的文电，搞得国民党中央很下不了台。

这年 10 月，蒋介石来到北平，亲自在圆恩寺行辕召见外公。但外公早已抱定不与国民党政权合作的决心，不亢不卑地应对，蒋也无计可施。回到家里，外公诙谐地对外婆说："大不如前，大不如前了！连他（指蒋介石——作者注）哼哼的声音，也失去了往日的威风。"

不久，时任国民党华北"剿总"总司令的傅作义将军找外公到他在中南海怀仁堂的办公地谈心。

早在 1928 年，傅作义将军任天津特别市警备司令、外公任国民党天津特别市党部执委兼训练部长时，彼此就建立了深厚的友谊，以后也常相往来。

此时解放军百万大军已包围了北平。傅将军一见外公，便询问起蒋介石召见外公的情景，外公绘声绘色地向这位老朋友介绍了见蒋时的经过，引得傅将军一阵阵大笑。傅将军见外公根本无意受蒋介石驱使，就透露了拟请外公担任华北"剿总"副秘书长，代行已逃离北平的原秘书长郑道儒遗下的各种事务的意愿。

起初，外公坚决不肯再涉足国民党官场。傅将军恳言："北平已处于生死攸关之际，为使两百万市民免遭涂炭，我们一定要共同维持局面，设法寻找出路。"从傅将军的言谈中，外公体察出他有停止内战、谋求和平的心迹。经思虑再三，终于接受了这项使命。

北平聯合辦事處事用箋

查本處委員焦實齋年五十二歲

河北省井陘人確在本處

服務特茲證明

主任葉劍英

副主任郭宗汾

中華民國三十六年二月三十一日

北平联合办事处为外公焦实斋先生开具的证明函

外公到任之后，便不辞辛劳，夜以继日地协助傅将军处理庞杂烦琐的政务，还受傅将军的委托，召开北平教授名流座谈会和报告会，听取各方对时局的意见，发表谈话，含蓄转达傅意欲求和的想法。以后又多次奉命安排北平各界代表出城与解放军接触。

傅将军作出起义的重大决策后，为兑现当初对北平各界名流作出的"留者欢迎，去者欢送"的承诺，特请外公亲自安排好那些打算离开北平的文化教育界人士的工作，胡适便是其中的一位。

当时北平的学潮一浪高过一浪，政治上右倾的胡适到处被学生追赶，几乎无处安身。外公只好根据傅将军的指示，将胡适接进中南海勤政殿，在外公的办公室里暂时栖身，最后由外公亲自护送到市内东城区的临时飞机场，得以平安飞离北平。

为了推动北平早日解放，中共地下党在城内外频频发动学生运动，声势十分浩大。国民党军统特务们尽管知道大限不远了，却仍疯狂地四处抓捕进步学生，不少人遭到逮捕和杀害。外公借助自己的身份，保护了一些学生中的中共地下党员和进步人士。

当时北平各个城门进出都要接受军警检查，大姨焦鼎文因在城外清华大学读书，进出城十分不便，外公只好派自己在华北"剿总"的车辆接送，一些进步学生乘机与大姨一起搭车进出城联络工作事宜。

当初，外公一位朋友的女儿在美国读书，经外公介绍回国在北平师范大学担任助教，并一度住在外公外婆家中，这位年轻姑娘后来虽然搬到学校去住，但时常来外公外婆家中做客。外婆十分喜爱这位聪明懂事的女孩子，多方地照料她。她在北平师范大学工作了一段时间，受进步学生影响，秘密加入了中共地下党组织。 一天傍晚，她介绍两位被特务们四处追捕的北平师范大学地下党负责人，神色匆匆地来到外公外婆家躲避。外婆担心孩子们说漏嘴，对家里人谎称他们是河北井陉老乡。当晚，外公用自己的车辆把他们安全地送出城外。

外公一生为书生，虽然在国民党军队中几度做高级幕僚，却对枪炮武器避之唯恐不及。出任华北"剿总"副秘书长后，外公成为少将衔军官。按有关规定，总部副官为外公配置了护身手枪。外公却坚持不受。那位副官大不解道："焦先生，这支枪可是上等的进口勃朗宁手枪啊！"外公急摆手："那我就更不要了！"

傅作义将军虽是声名赫赫的一代名将，为人却是温文尔雅，一派儒将风范。他尝以"夫为将者，有勇不如有智，有智不如有学"这句话自勉，平生与教授和文化名流们往来密切，外公与傅将军之间的情谊，也算是其中的一例吧。早在1947年底，傅将军刚从张家口迁到北平，就任华北"剿总"总司令，他在知识、文化界的老友们，如梅贻琦、胡适、李书华、徐悲鸿、肖一山、袁敦礼、马衡和外公等人，便在中南海怀仁堂西四所的中央研究院设宴欢迎他。以后，傅将军在处理军务政务之余，也每隔几日，约上三五位学者到"华北总部"吃饭聊天，席间纵论时局、民生和古今中外的历史掌故，话题十分广泛。朱光潜、费孝通、胡适、袁翰青、许德珩、王之相、徐诵明、周炳琳、朱自清、翁独健、杨人楩、郑天挺、张佛泉、何思源和外公等人，都是与傅将军往来的常客。北平和谈期间，傅将军更是注意收集社会各界对"战"与"和"的意见，除了委托外公相继召开一些小型学者座谈会了解情况外，自己也会亲自与社会文化名流们商谈北平的前途问题。

1949年1月16日，傅作义将军委托外公邀请了许德珩、徐悲鸿、马衡、朱光潜、周炳琳等20余位知识界名流，在中南海勤政殿举行了一次别开生面的聚餐会。傅将军亲自出席讲话，通报自己的和平主张，并征询学者们的意见。席间，徐悲鸿等慷慨陈辞，坦言内战已给人民造成巨大痛苦，实现和平是当前的唯一前途，保护千年古都更是民族义举。杨人楩教授还特别强调："傅先生如能顺应民意，采取和平行动，我作为一个历史学家，对此流芳百世的义举，一定要大书特书，使之载入中华历史篇章！"

傅将军听了大家发言非常高兴，引用东汉政论家荀悦的话说："不闻大论，则志不宏；不听至言，则心不固。"

6天之后，即1月22日，解放军与傅方几经谈判的《关于和平解放北平问题的协议》正式签署，古都北平终于宣告和平解放，外公也完成了为期40天的华北剿总副秘书长的使命。

北平和平解放后，成立了由市长叶剑英同志领导的北平联合办事处，负责和平移交的全部工作。中共方面有陶铸、徐冰、戎子和三位代表；傅方由郭宗汾、焦实斋、周北峰三人担任代表。

外公参与北平和平解放工作后，本想急流勇退，再回校园教书，所以一度谢绝了傅作义将军让他参加联合办事处的提名。不料中共方面与傅方协商联合办事处人选时，对傅方代表中的一个人选提出了不同意见。傅作义将军知道后，略事沉吟，提笔写了一封短信："叶剑英将军：大函敬悉。兹派郭宗汾、焦实斋、周北峰前往参加。傅作义1月28日。"随后，傅作义将军命人将外公请来，恳切说道："蕴华，我本想遂你心愿呢，但现在解放军方面提出要换个人选，我一时也找不到合适的人，看来只有你去才合适呀。"外公不愿让傅将军过于为难，便不再推辞了。

1949 年 1 月 29 日，也是农历正月初一，春寒料峭中已透出丝丝春意。叶剑英同志在颐和园景福阁主持召开第一次会议，围绕几十万驻守北平的国民党军队整编问题和接管北平国民党行政机关及旧行政人员展开工作。外公负责北平行政、财经、文教等方面的移交工作。中午，叶剑英同志专门设宴款待与会人员。

北平的移交工作前后历时三月，北平联合办事处一共召开了 13 次会议，各项交接工作紧张有序，保证了北平全城金融不乱，水电煤量不缺，市场供应平稳，仓库物资没有损失，文物古迹得到妥善保护，市民生活丝毫不受影响。联合办事处卓有成效的工作，使北平和平解放后的和平改编、和平接管等一系列善后问题得以圆满完成。应当说，从担任华北"剿总"副秘书长到参加北平联合办事处，负责北平和平移交工作这一段经历，是外公一生做的最值得自豪的事情。

联合办事处工作结束后，外公等傅方代表一起到西郊傅作义将军的总部汇报工作。听取大家的汇报后，傅将军连连称赞共产党办事有魄力、有办法。他很有感触地说："你们工作得很好，我心里的一块石头也落地了。过去我领你们走错了路，这次是走对了，今后大家要好好跟共产党走。"

虽然整个北平的移交工作平稳顺利，但由于双方军队敌对日久，即便言和，也难免发生一些龃龉。解放军入城不久，尚未接收改编的傅总部警卫团因索饷闹事被缴械。2 月 1 日，报纸上又刊登了双方谈判期间解放军平津前线指挥部致傅作义将军的公函，其中称傅为战犯，措辞很严厉。其实，这封公函早在双方谈判时，就由林彪司令员交给傅将军的首席谈判代表邓宝珊将军了。邓见信中措辞严厉，担心对双方谈判不利，就把公函压了下来。后来和谈进展顺利，大家把这件事情也就忘记了。现在报纸上公开发表了这篇公函，思想上毫无准备的傅作义将军不知中共方面是何意图，情绪特别低沉。不巧当天他又接到驻地公安派出所通知，要他前去报到。当晚，气愤难平的傅作义将军给毛泽东主席写信，表示自己是有罪之人，请指定监狱，以便投监，按战犯惩办。

负责与傅作义方面谈判的解放军首席代表陶铸同志得知情况后，赶紧约上郭宗汾和外公去傅的驻地，耐心开导说："傅先生已将部队移出城外接受改编，就是起义嘛，按着我党的政策是既往不咎的。至于派出所的通知，可能是下面不了解情况，你不必往心里去。"一席话把傅将军的火气降了下来。

岂料一波刚平，一波又起。一天傅将军进城看朋友，在复兴门被解放军哨兵盘问很久，以致兴致全无，怏怏不快地打道回府了。又一天，傅将军来外公家中看望，刚刚落座，就见外公住宅对面公安派出所的人拿着苍蝇拍跟踪而至，在院中朝着客厅张望。傅将军见状，便沉着脸告辞了。外公将这些情况向陶铸同志作了汇报。陶铸同志当晚就携外公等人去看望傅将军，就相关事情作了解释，也批评了基层人员的错误做法，同时建议傅以后外出，先同解放军方面打好招呼，以便尽量为他提供方便。

从傅宅出来，陶铸同志担心傅将军门庭冷落，情况闭塞，思想上容易钻牛角尖，特意嘱咐外公等人每隔几日就去傅将军处汇报交接工作，也聊聊天。稍后，陶铸同志又约上周北峰先生，携带东北版《毛泽东选集》、《干部必读》等书，登门看望傅将军，一边介绍解放战争的发展情况，一边介绍中共中央的方针政策，使傅将军的心情逐渐开朗起来。

2月22日，傅作义将军前往河北西柏坡会见了毛泽东主席。毛主席亲切地鼓励傅将军："你做了一件大好事（指北平和平解放——作者注）。人民是永远不会忘记你的，不久之后我们也会去北平，到时候我们可以更好地合作，一同建设我们的国家。"两天以后，容光焕发的傅将军飞返北平，简直像换了个人。他十分感慨地对外公等人说："真是与君一席谈，胜读十年书啊。此行如拨云见日，极受教益。"

4月1日，傅将军发表《北平和平通电》。次日，毛泽东主席亲自复电，对傅将军在北平和平解放中的作用，给予高度褒扬和肯定。"两电"的公开发表，有利地推动了后来绥远、新疆、湖南、云南等地的和平解放。

北平和平解放之初，外公外婆家中也经历了一场虚惊。

一天夜晚，家中的警犬HOLY突然冲向院门狂吠不止，南屋屋顶上已经有一些军人攀了上来，举枪向院中瞄准，接着院门铃声大作。母亲他们正在房中温习功课，闻声纷纷跑到院子里查看情况，一见这阵势顿时吓懵了。外婆依旧很镇静，先把狗拴好，挥手让孩子们退回到西厢房，便把院门打开了。一队解放军战士迅速冲进院内，把守住各个房屋和前后院子。为首的一位军官随外婆来到北房，亲自向外公说明了来意，便指挥战士们搜查起来。战士们搜查得很仔细，连无人居住的后院中堆积的砖头都扒开查看了一番。这样前后搞了一个多小时，才撤了出去。

1949 年 2 月 26 日，中共与傅方人士摄于北平六国饭店。前排右六至右三依次为叶剑英、林彪、傅作义、聂荣臻，后排左六为焦实斋先生。

后来得知，这是闹了一场乌龙。原来，解放军进城后，正在到处抓捕原国民党北平参议会会长许惠东。早在 1948 年 7 月 5 日，众多东北流亡学生不堪饥饿，聚集到许惠东住宅门前请愿。负责守卫许宅的国民党青年军 208 师所属部队竟然开枪扫射，当场打死九名学生，打伤一百多人，酿成震惊中外的"七五惨案"。这样一来，许惠东就成了罪不可恕的战犯了。

解放军战士搜查外公外婆住宅的当天下午，二外公担心城内治安不稳定，特地赶到西铁匠胡同看望自己的兄长，却被解放军安排的眼线误认为是许惠东。而且这位眼线一时大意，只看见二外公进门，却没有看见他出门，心想许惠东必然躲避在外公家中无疑了，解放军得知消息后正准备将许惠东抓个正着，不想闹了一场误会。事后，北平军管会有关负责人专门就此事向外公道了歉。

那个许惠东，很快就被人民政府缉捕归案了。

三姨妈焦景文参军时的戎装照

　　1949 年 4 月，在北平志成中学读书的三姨妈焦景文光荣参军，并进入华北大学学习。真是昔日娇小姐，今成英姿飒爽之女兵。

外公外婆全家在西铁匠胡同宅院中的合影

1949年7月，三姨妈焦景文（右二）在随解放大军南下前回家辞行。外公（左三）、外婆（左四）高兴地召集全家在西铁匠胡同宅院中合影留念，家犬HOLY也欢快地出现在镜头中。

政务院总理周恩来签署的任命外公焦实斋先生为政务院参事的通知书

北平移交工作完成后，各方面诸事纷繁，外公一时没有分配工作，家里生活的经济来源也暂时断绝了。傅作义将军知道后，特地命人送来一些银元，接济外公一家。外婆每天让大舅带一两块银元到城内黑市上兑换现钞，以维持生计。

不久，戎子和同志当面向周恩来同志汇报了此事。周恩来同志听后轻轻以掌击案道："咳，忙忘了，忙忘了！你们要赶快安排好实斋先生的工作，再把情况告诉我。"这样，在周总理的直接关怀下，外公进入华北大学学习，结业后于1950年7月14日被任命为政务院参事，亲身参加了中华人民共和国的建设。

1954年12月21日，第二届全国政协第一次会议召开，外公当选为全国政协委员。

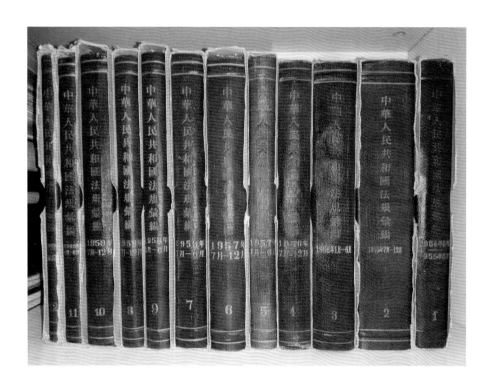

建国初期，国务院法规编纂委员会副主任焦实斋先生参与编纂的部分《中华人民共和国法规汇编》。

　　1955年2月，应周总理要求，国务院法制局与国务院参事室联合成立法规审议委员会，次年在此基础上成立中华人民共和国法规编纂委员会，1958年8月22日更名为"国务院法规编纂委员会"，外公兼任该委员会副主任。外公在建国初期主要从事参事室和国务院法规编纂工作，前后参与编纂《中华人民共和国法规汇编》13册，直至1964年10月该委员会完成工作使命宣告解散。以后，外公开始专任全国政协和民革的工作。

1949 年 7 月，三姨妈焦景文（右一）随军南下前与大姨妈焦鼎文（左一）、大舅焦国杰（左二）、母亲焦俊保在家中合影。

参军前再穿穿女儿装。1949年7月，三姨妈焦景文离家随军南下前在家中庭院中留影。

大姨妈焦鼎文 1949 年冬摄于清华大学校园

在外公外婆的几个儿女中，大姨妈焦鼎文年龄最长，稳重练达，学习也格外优秀。

1945 年在重庆时，她就以优异的成绩考入中央大学外国文学系，但她并不喜欢这个专业。次年随家迁回北京后，在外公的鼓励下，于 1947 年，再次考入清华大学经济系。大姨妈对经济学有兴趣，加上学习刻苦努力，很快就在同学中间脱颖而出，学习成绩经常是名列前茅。

经济系里有位来自山东、名叫宋光炜的男同学，不仅品学兼优，仪表堂堂，还喜欢运动，是当时清华大学足球队的主力健将。大姨和他，是同学，也是在学习中你追我赶的竞争对手。据说，大姨在这种友好竞争中，通常会给对方留下一些遗憾。

但是，两个年轻人却在竞争中，萌发了深厚的感情，相互爱慕，最后喜结连理，直到后来白头偕老。

大姨妈和大姨父都是中华人民共和国培养出来的第一代优秀大学生。毕业后，他们长期在我国重要经济部门工作，大姨妈先在中国机械进出口总公司工作，后又进入中国仪器进出口总公司。大姨父则在国务院财贸办公室工作，"文革"后调到中国人民银行总行。他精通国际金融业务，中英文俱佳，20 世纪 80 年代，一度担任国际货币基金组织（IMF）中方执董顾问，并经常随国家领导人开展对外经济交流工作。大姨妈、大姨父在工作岗位上勤奋工作，直至退休。

外公格外赏识和器重这位女婿。但在那个极左年代里，由于家庭出身等问题，像大姨父这样的知识分子，是很难充分发挥作用的。待改革开放的春风吹遍祖国大地时，他已临近退休的年龄，这不能不说是一个遗憾。外公生前多次不无遗憾地对我说："你大姨父是做部长的料子啊！"

大姨妈和大姨父的晚年生活很幸福。

大舅焦国杰和母亲焦俊保的合影

　　这张照片是 1949 年冬，同读高中三年级的大舅焦国杰和母亲焦俊保拍摄于北京西城西铁匠胡同家中。

　　次年，大舅和母亲双双考入大学，全家上下喜气洋洋。大舅由河北省北平高级中学考进北京师范大学化学系；母亲则从师大女附中考入清华大学，以后又因院系调整转入中国人民大学学习。

大舅焦国杰摄于北京西城西铁匠胡同宅院中的照片

1949 年 12 月，正在河北省北平高级中学读书的大舅焦国杰在北京西城西铁匠胡同积满白雪的院落中拍下了这样一张照片。次年大舅考入北京师范大学化学系。

大学毕业后，大舅一直在北京从事中学教师工作。其间，他有 20 多年被分配在北京远郊农村地区任教，直到 20 世纪 70 年代末，才调回北京城内一所重点中学教书（161中学）。不管逆境、顺境，大舅始终在自己热爱的教育事业中勤奋耕耘，直至退休。调回北京城内工作后，大舅加入了民盟，在做好本职工作之余，又积极参加民主党派和基层政协工作。

1950 年 7 月，随解放大军南下的三姨妈焦景文（摄于湖南中共吉首县委大院）。

刚刚 18 岁的三姨妈虽然满脸稚气，却也经受了严酷的革命斗争考验。此前解放军主力迅速南下，一路追击节节败退的国民党军队。三姨则随第四野战军南下工作团，于 1949 年 8 月初进入两湖地区，接收国民党政权，发动群众，剿灭土匪，实行土改。那时不仅生活艰苦，而且匪患猖獗，每个人随时都有牺牲生命的可能。三姨妈和工作队的其他女同志一样，每天必须作好这样的准备：一旦被凶残的土匪包围，要将最后一粒子弹留给自己，绝不能落到敌人手中受辱。

工作队里有一位来自江苏宜兴的年轻人，出身于当地的书香门第，大学时代就参加了中共地下组织，名叫吴鸿寿。这位忠厚老实的年轻人，不知从什么时候起，悄悄地爱恋上天真可爱的三姨妈。每次三姨妈独自外出执行任务，他都不安地焦急等待，甚至暗地里尾随护驾，直到心上人安全归来才放心。天下有情人终成眷属。后来，这位执着的年轻人终于和三姨妈组成了幸福美满的家庭。

后来，三姨妈和三姨父定居武汉，在长江水利委员会工作至离休。或许是在南下工作中形成的工作特长，三姨妈后来长期从事宣传工作。三姨父则是一位优秀的水利专家，先后承担过长江丹江口、万安、葛洲坝、三峡等大型水利枢纽工程的工程设计和科研工作，为我国大型水利工程建设事业作出了突出贡献。1992 年 10 月，曾作为三峡工程机电专家，受到国务院的表彰，并享受国务院特殊津贴待遇。2008 年，年届八旬的三姨父不幸病逝，留给三姨妈和孩子们无尽的哀思。

1954 年春，母亲焦俊保摄于北京西城西铁匠胡同宅院中。

当时母亲正就读于中国人民大学财政系。毕业后，因从上海同济大学建筑系毕业的父亲郑安飞已在沈阳工作，母亲自愿来到东北，不久与父亲完婚，组织了自己的小家庭。

母亲毕生从事财务工作，勤勉努力，一丝不苟。但在"文革"中，却与身为优秀建筑工程师的父亲一样，遭受劫难，历经坎坷，度过了一段不堪回首的痛苦时光。

1978年，由于祖父年迈，身边无人照料，经组织照顾，父亲、母亲双双调入北京工作，从此有了幸福安定的生活。遗憾的是，一向身体健朗的父亲，不幸罹患癌症，于1998年病逝，目前，年过八旬的母亲正在北京安度晚年。

风华正茂的三姨妈焦景文

　　这张照片摄于 1955 年元月外公外婆的庭院。这是三姨妈自 1949 年随军南下后，第一次回京探亲。

1955 年夏，外公（右二）、外婆（左二）与母亲焦俊保（右一）、大舅焦国杰（左一）
在北京展览馆（原名苏联展览馆）前留影。外公怀抱者为刚刚出生不久的小舅焦国新。

　　小舅出生时，外婆已经 46 岁了。看着襁褓中的孩子，外婆曾喟然叹道："我这个
时候得子，哪天才能享到这个孩子的福呢？"外婆没有想到，后来她和外公的晚年，
皆赖小舅的照料。小舅一直与外公外婆生活在一起，直到两位老人去世。小舅后来先
后参加了民革和民盟组织，在北京市民盟机关工作，任参政议政部部长，现已退休。

1955 年初夏，母亲焦俊保与大舅焦国杰摄于北京展览馆（原名苏联展览馆）前。

母亲焦俊保（左）与大姨妈焦鼎文在北京颐和园十七孔桥的合影（摄于 1956 年）。

左图：1956 年 8 月，外公外婆从北戴河避暑回京后摄于北京西铁匠胡同家中。外公时任全国政协委员、国务院参事。

大舅妈吴履仁与我

这张照片是 1958 年摄于北京西铁匠胡同外公外婆的庭院中,当时我只有 1 岁多。
如今大舅妈已逝去多年,我每每凝视着这张照片,怀念之情都会从心底油然生起。

1959 年 5 月 18 日，外公携外孙宋承建（大姨妈焦鼎文之子）摄于山东青岛。

1962 年夏，大舅焦国杰与三姨妈焦景文摄于北京天安门广场。

1964 年 12 月，外公摄于北京西城西铁匠胡同家中。

1965 年，外公外婆摄于北京西城西铁匠胡同家中庭院。

1965 年冬，外公与母亲焦俊保摄于北京西城西铁匠胡同家中。

1967 年 10 月，外公外婆摄于北京西城西铁匠胡同家中。

　　拍摄这张照片时，"文革"浩劫已经在神州大地肆虐，外公外婆饱受红卫兵造反派抄家、批斗之苦，外公后来还不幸住了一段时间的"牛棚"，身心受到很大摧残。一时间，两位老人憔悴了许多。

外公外婆与大姨妈焦鼎文（后中）、大舅焦国杰（后右）、小舅焦国新（后左），
前席地而坐者为表弟涛涛（大舅之子）。

左图：1968 年 1 月 30 日（农历正月初一），外公摄于北京颐和园。

　　尽管身处"文革"逆境，但外公看上去风采不减当年。在外公留下的许许多多的照片中，我格外喜欢这一帧，所以将其嵌入精美的镜框并置于书房案头。读书写作之余，举头望去，仿佛外公还与我们生活在一起。

1968 年 1 月 30 日，外公与大姨妈焦鼎文在颐和园。

1968年2月1日（农历正月初三），祖父郑洞国先生（后右）、继祖母顾贤娟（前右）到外公（后左）外婆（前左）家中拜年时合影。

当时极左的政治运动，搞得人人自危，外公与大多数朋友已极少走动，但与祖父因是亲家的缘故，相互间还保持着正常的往来。

1968年11月底，外公外婆家中出了大事：街道的所谓红卫兵组织将外公外婆家宅院的大门和院墙上贴满了大字报，内容充满了对外公外婆极其下流、恶毒的人身攻击。读书人出身的外公实在无法忍受，怒不可遏地将其撕了下来。祖父闻讯大惊，冒着危险，急忙赶到外公家中劝导，但为时已晚。

那时这类行为就算是触犯天条了，街道的红卫兵们立即涌到外公外婆家中召开现场批斗会。尽管那时已经有了"要文斗，不要武斗"的最高指示，他们还是把外公外婆强行架到北屋台阶上站着，推推搡搡地吼叫咒骂，还有些人朝两位老人身上不停地吐口水。性情倔强的外婆不仅不肯弯腰低头接受批判，居然毫无惧色地也用口水回唾对方，而且不居下风，场面颇为滑稽。事情不久就闹到了民革中央机关，外公很快就被圈进了"牛棚"，直至次年5月7日才恢复自由，其间受尽种种精神和身体折磨。

1968 年，外公与大姨妈焦鼎文（右）、三姨妈焦景文（左）在北京中山公园合影。

1969 年初夏，外公恢复自由后，与外婆（右二）、大舅焦国杰（左二）、小舅焦国新（左一），及闻讯赶回北京的三姨妈焦景文（右一）在北京西城西铁匠胡同家中庭院合影。

1969 年 10 月，外公摄于北京西城西铁匠胡同家中。

1970年8月末，三姨妈焦景文（前左）赶到沈阳看望我们时的合影。前右为母亲焦俊保，后右是我，后左是胞弟郑耀邦。

"文革"期间，我的父母在东北也分别受到冲击，经历了九死一生的折磨，以后又被下放到农村劳动。

母亲恢复自由时，外公外婆非常高兴，三姨妈焦景文受他们委托，特别从武汉赶到沈阳看望我们。

后来，我们全家在辽宁阜新农村生活了近两年，质朴的农民群众不仅对我们毫无政治歧视，还为我们提供了很多生活便利。父母也积极与农民朋友们打成一片，亲如家人。少年时代的我和弟弟，更是对农村生活充满了新鲜感。这一段生活，算是那个特殊年代的意外收获吧！

外公（前中）、外婆（前左）与母亲焦俊保（前右）及大舅焦国杰（后右）、
小舅焦国新（后左）在家中庭院合影。

    1971 年深秋，母亲下放农村前，特别赶到北京看望外公外婆。亲人们劫后重逢，
真是百感交集。

外公外婆与大舅焦国杰（前左一）、大舅妈吴履仁（前右一）、母亲焦俊保（后左二）、三姨妈焦景文（后右二）、小舅焦国新（后右一）及表弟涛涛（前中），在北京西城西铁匠胡同家中庭院合影，全家人在"文革"的阴霾中露出难得的笑容。

　　1971 年 11 月，听说历尽"文革"劫难的母亲焦俊保回京探亲，与外公外婆再次团聚，三姨妈焦景文也从武汉赶到北京。大姨妈焦鼎文和大姨父宋光炜早在 1969 年春就到宁夏平罗"五七"干校劳动，故而在这张全家福中缺席。虽然这时"文革"还在继续，但社会上"打、砸、抢"活动和派系武斗行为已有收敛。从照片中可以看到，外公外婆一家人在"文革"的阴霾中，露出了难得的笑容。

　　多年之后，我曾问外公是如何度过那些难熬岁月的。外公沉默了半晌，却对我讲起一件往事：还是在"反右"斗争扩大化时，外公尽管没有不合时宜的言论，但看到周围的老朋友，不少都被划为"右派"，遭到激烈批判，心中不免惶恐不安。一天，宅院外门铃响起。开门一看，竟是傅作义将军轻车简从，来看望外公。

老友相见，自然无所不谈。知道外公心中的忧虑，傅将军淡然笑道："实斋兄，对我们来说，眼前这一关不难过，难过的是1949年那一关！"外公听了一怔，旋即明了了。傅将军出身于旧军人，曾视军队为生命。1949年北平和平解放时，他已经把所有的军队都交给了共产党改编。过了这个"生命"关，在新社会他还有什么关不好过呢？同样如此，外公这些从旧社会过来的知识分子，从与国民党政权决裂之日起，就已全身心地投入中国社会主义革命和建设事业。在他们的奋斗中，没有个人的私利，所以也就没有无法接受的事情。

尽管如此，外公在"文革"中经受的煎熬还是让他颇难忍受。据外婆讲，外公于1968年底被囚禁在民革中央机关时，受到造反派们无休止的训斥责骂，甚至推搡踢打。一辈子没有经历过这种人身侮辱的外公，精神快要崩溃了。

一天，同囚一间斗室的吴茂荪同志见外公不吃不喝，直望着天花板发呆，趁门外监视的人不备，关切地问道："实斋兄，你怎么了？"外公闻声落泪，坦言士可杀不可辱，与其这样受罪，不如自己早日解脱算了。茂公（同志们对吴茂荪同志的尊称——作者注）大惊道："实斋兄，你可千万不要糊涂。你要是这样做了便是自绝于党，自绝于人民。你走了，你的老伴和儿女们却要永远替你背着这个政治黑锅了！"

"实斋兄，我且问问你，你这辈子做过对不起国家和人民的事情吗？"稍顷，茂公打开盥洗室水龙头，借流水声掩护，又用英语低声问道。

"我在旧社会是做过一些错事，但我的初衷却从未想到贻害国家呀！解放以后我认真改造思想，是一心一意跟着党走的。"外公也用英语诚恳地说道。

"这就对了嘛，我们问心无愧就行了，其他的就听凭组织处理吧！"茂公说着，卷起裤腿，让外公查看自己被人踢打得青紫斑驳的双腿，又道："实斋兄，你看我不也是这样嘛。这些不算什么事情，我们要相信组织，相信人民，一定要坚强地活下去。"

吴茂荪同志与外公的一番英语对话，让外公感到温暖，一扫心中的阴霾。他知道，茂公虽比自己年轻十余岁，但早在20世纪30年代初就参加了进步政治组织南京读书会，抗战时期作为中国民主同盟会（"小民革"——作者注）的重要成员，在周恩来同志的直接领导下开展革命工作，1948 年初民革成立时便当选为中央委员，是一位年轻而又资深的民革领导人士，连他都要遭受造反派们这样的迫害，自己还有什么好说的？过去，外公与茂公虽同为民革同事，彼此却并不十分熟识，经历了"文革"这番劫难，特别是茂公对外公的这次救命之恩，两人从此成了无话不谈的挚友。

茂公在"文革"中的这种精神就是孔夫子说的"仁者无忧，勇者无惧"的意境吧！也许正是这些，才使茂公和外公这些民主人士，虽饱受"文革"的冲击，而不曾稍稍改变自己的政治信念！

作为一个知识分子，外公一生性格纯真，即便到了晚年也是如此。20 世纪 80 年代初的一天，外公出去与几位老友聚会，回到家里却闷闷不乐。外婆一再询问，外公半晌才叹到："席间看到谭惕老，忽然想起 1957 年曾在大会上发言批判她，心里很愧疚啊！"谭惕老，乃是民革中央监察委员会主席谭惕吾。这位湖南籍的女性杰出政治活动家，性格十分刚直。在旧社会，她舍生忘死，反抗北洋军阀的残暴统治，后来又与蒋介石反动独裁政权作坚决斗争。中华人民共和国成立后，谭惕老积极投身于社会主义革命和建设，遗憾的是在"反右"斗争扩大化时被划为右派，以后被改正平反。"反右"斗争中，外公曾在民革中央的一次会议上，受命作为主发言人批判她。事隔多年，为人坦荡的谭惕老或许早已忘掉了这件事，她与外公也一直保持着深厚的友谊。但外公的心中，一直对这位老友怀着深深的歉疚。人非圣贤，孰能无过。对于自己的过失永远怀着悔疚之心，也应该是君子的品德吧！

1971 年 11 月，外公与母亲焦俊保（右）、三姨妈焦景文（左）在北京故宫博物院太和殿前合影。

这是外公晚年非常喜欢的一帧照片。

1971年11月，外婆与母亲焦俊保（右）、三姨妈焦景文（左）在北京西城西铁匠胡同家中庭院合影。

外公外婆的这个院落虽然不大，但是十分整齐、雅致。

记忆中，整个院落分南院、中院和后跨院，占地约一亩。因后跨院很早就租给别人居住，我们很少出入，故而印象不深。只记得进了大门，迎面是一道影壁墙，墙上嵌有"鸿禧"二字，十分显眼。左首便是南院。一道腰墙将南院、中院隔开。穿过腰墙中间的木门到北屋，有一条红砖铺的甬道相接。

一年中的大部分时间，甬道两侧绿藤盘绕相连，遮住炙热的阳光。院子里的四块园圃，有外婆亲手种植的美人蕉、月季和几株桃树、枣树及葡萄。

春雨霏霏的时节，手脚勤快的外婆便种下扁豆、丝瓜、南瓜等蔬菜。夏天来了，园中绿色葱郁、鲜花锦簇；秋天到了，树上、藤架上果实累累，枝条都被压弯了。

20 世纪 70 年代初，小舅焦国新（左一）和我（左二）、胞弟耀邦（右二）、表弟涛涛（右一）在外公外婆家中庭院合影。

从儿时起，我们就在这个庭院中嬉戏。及稍长，我喜欢在绵绵的春雨中，坐在北屋宽宽的廊檐下读书；或在夏秋的夜晚，静卧于床上，细听院子里传来的阵阵蝉鸣；也常在晴朗的冬日，穿着厚厚的衣服，围着火炉，搂着外婆养的小花猫咪咪，听外公谈古说今。

有一个炎热夏天的傍晚，全家人晚饭后聚在北房廊下谈天纳凉，一只硕大的螳螂突然从园圃中蹦到外公身上，只着短裤、打着赤膊的外公顿时大惊失色，挥舞着蒲扇胡乱拍打，样子十分滑稽，引得外婆和我们阵阵大笑。家人们都知道，外公素来胆小，连鸡鸭猫狗等动物都惧怕得不行。这些情景，如今都是我们最温馨的记忆了。

随着近年来的城市改造，这个承载着我们童年、少年时代快乐时光的四合院，早已不存在了。我，却始终无法忘记那个小小的院落！

外婆在北京西城西铁匠胡同家中庭院晒太阳（摄于 20 世纪 70 年代中期）

20 世纪 70 年代初，中苏关系紧张，举国上下准备战争，外公外婆的四合院里也挖起了防空洞，把好好的院落搞得面目皆非。但这也没有减少我们这些孩子们的兴致。只要外婆不留神，舅甥兄弟几人就终日在防空洞中爬进爬出。为此，我们的屁股上没少挨外婆的板子。

记得一个冬日的上午，我们照例钻进洞中，表弟涛涛伏在洞口，模仿电影《地道战》中的伪军，朝里面大呼小叫："八路弟兄们，你们出来吧，皇军大大地优待！"洞中的"八路"自然不肯示弱，顿时一阵石头、土块飞出。涛涛把手中的玩具步枪扔到一旁，顺势在地上滚将起来："你们快来呀，土八路抢我枪啊，土八路抢——"听到洞外声音戛然而止，我们觉得情况有异，披着满身尘土赶紧爬出洞来，却都僵在那里。原来外婆倒提着扫帚，正站在北屋的台阶上，朝着我们怒目而视。接着便是例行的家法伺候，我们兄弟几人高高地撅起屁股，被外婆按年龄长幼结结实实地抽打几下。年龄大的多打，年龄小的少打，颇有"首恶严惩，胁从宽"的政策尺度。据说这套惩戒办法从母亲他们兄弟姐妹小时候就延续下来了。这样一来，我屁股上挨得板子自然要比弟弟多些。不过，对此我倒是能够心悦诚服地接受。因为外婆在分配食物时，也是年龄大的多些，年龄小的少些。外婆的道理很简单：年龄小的，将来吃东西的时间多着呢！

外婆终日劳碌，从早到晚精心照料着外公和整个家庭，很少有闲暇的时候。不过，外婆性情倔强，晚年脾气尤为暴躁，也让我们格外惧怕，当然外公更免不了多受些精神折磨。糟糕的是，外婆发起脾气来，常常不顾及儿孙们在场，颇使外公难堪。每逢这时，外公只好以"鸵鸟政策"沉默以对，慢悠悠地在桌边摆弄着扑克牌，等待着暴风骤雨散去。实在不行，也只有外出躲避了。在一个冬日的下午，北京正降大雪，漫天皆白。我正陪着祖父在客厅谈笑，忽听到"笃笃"的敲门声。门开处，竟是外公踏雪而来。

"外公，这个天气您怎么出来了？"我一边帮外公抖去身上的积雪，一边诧异地问。

外公有些尴尬地笑笑，扬起手杖作出射击状："我是来躲机关枪的。"

晚饭后，我送外公"打道回府"，以为又一场"暴风雪"会扑面而来。岂知外婆只是默默地扫掉外公身上的积雪，帮他除去大衣，捧上一杯热茶，便又忙碌别的事情去了。

改革开放后外公外婆的

晚年生活

1978年，改革开放的春风吹遍祖国大江南北，饱经世事沧桑的外公外婆终于有幸在他们的晚年，亲眼目睹了中华民族历史上这一气势磅礴的宏伟画卷，内心充满了振奋和喜悦！外公以他的全部热情参与了这项伟大的事业，直至生命终结。外婆则以自己的高寿，更多地领略了改革开放带给人民的幸福和安康。

1979 年外公与何思源先生（左）在北平和平解放 30 周年座谈会上

1976 年"四人帮"的垮台，标志着十年"文革"浩劫的终结，国家政治生活开始步入正轨。

外公与何思源先生是几十年的至交。早在 1927 年北伐战争时，何思源先生时任北伐军总政训部代主任，外公则是国民党河北省党部的领导人之一。1928 年 4 月，外公奉国民党中央之命前往南京，并被何思源先生任命为河北省战地党务特派员，随军北上，从此两人成了志趣相投的莫逆之交。

1929 年国民党"三大"后，外公与何思源先生等人因一起反对蒋介石在党内的独裁领导，先后被赶出党外。以后两人虽然天各一方，但时时互通声气。1948 年，何思源先生以社会贤达身份在北平奔走和平，外公则奉傅作义将军之命，以华北"剿总"副秘书长身份积极襄助北平和平解放事宜，两人更结成了志同道合的同志与兄弟。中华人民共和国成立后，外公与何思源先生两家交往更加密切了。

1979年《中国妇女》英文版一期杂志上刊载的照片。摄影记者抓拍到了女售票员热情为乘客服务的瞬间，却无意间把外公（左一）也留到了镜头中。

外公晚年，虽然经历"牛棚"生活后双腿不良于行，但工作之余，还是喜欢拄着拐杖，乘坐公共汽车外出看望朋友，或到公园散步。

我与舅妈、姨妈、表哥游览八达岭长城时的照片（右三为大舅妈吴履仁，左二为三姨妈焦景文，右一为大表哥宋承建，左一为二表哥吴刚，右二是我）。

在邓小平同志的主持下，1977年全国恢复了高考制度。

大表哥宋承建（大姨妈焦鼎文之子）考入清华大学，二表哥吴刚（三姨妈焦景文之子）考入武汉测绘学院，我则考入东北师范大学。

1979年暑假，我们兄弟三人一起在外公外婆家中度假。两位老人特别高兴。由于外公双腿行动不便，特嘱大舅妈吴履仁、三姨妈焦景文代表他带着我们兄弟三人游览八达岭长城。

　　记得那天早晨我们出门时，外婆早将事先准备好的白开水、水果、干粮塞给我们。晚上尽兴而归时，饭桌上已经摆放着外婆熬煮的绿豆稀饭和一只个头很大的西瓜。接着全家人围坐在一起，吃了一顿非常丰盛的晚餐。

　　外婆虽然对孙辈们一向严厉，但内心却是极慈爱的，尤其希望我们长大后要有些出息，现在我们兄弟三人考上大学，她自然格外高兴。说到这里，不由地想起小时候外婆家中的种种规矩。一次在家中吃饭，我举着饭碗说："姥姥，我还要一碗米饭！"话音未落，外婆板着脸，劈面就是一耳光，我委屈地大哭起来。原来，这句话触犯了外婆这位旗人的大忌讳，加饭叫"添"，怎么能说"要"？生活中，她并不鼓励我们做卑微顺从的弱者。在极左年代，我们这些出身不好的"狗崽子"，免不了受别人的歧视、欺负，她知道后，总是问道："人家欺负你，为什么不还手？"小舅舅性情温驯，年纪仅长我们两三岁，大家在一起嬉闹，全无舅甥长幼间的规矩，有时甥侄们还合起来欺负舅舅，惹得小舅舅大哭。外婆闻声赶过来，却只责备小舅舅："你还是舅舅呢，怎么这么没用，还好意思在外甥、侄子们面前哭呢！"现在我也入了花甲之年，每每回忆起儿时的这些情景，更深深体悟到外婆当初的殷殷期望，心中总是溢满温馨。可以告慰外婆的是，我们兄弟姐妹们和我们的后代们，没有谁让她失望了。

1981 年 4 月 16 日，81 岁的外公摄于颐和园万寿山下的凉亭旁。

从照片上看去，外公又比前些年苍老了许多。但"文革"结束了，祖国进入改革开放的时代，外公的晚年生活幸福而愉快！

这时外公除了担任全国政协文史工作委员会政治组负责人的工作，还兼任民革中央宣传部部长和民革中央机关报《团结报》社社长，每个星期固定几个上午到机关视事。上班当天，外公总是不到早晨六时便起床，穿戴整齐，坐在藤椅上等待外婆烹制早餐。我们常常戏问："外公这么早起来，是等着'上朝'么？"外公莞尔一笑，以后依然如故。

那一时期，外公工作最着力、成绩也最突出的，恐怕还是全国政协的文史工作。由于当时担任全国政协文史资料委员会政治组组长的于树德同志体弱多病，身为副组长的外公受命主持工作。外公认为这些通过当事人回忆其亲历、亲见、亲闻形成的文史资料，将是今后人们从事历史研究的重要参考，而这些历史的见证者大多年事已高，必须抓紧抢救。为此，年过八旬的他亲力亲为，很长时间内担任繁重的审稿工作，后来眼睛不行了，又把主要精力放在史料征集工作上。那一时期，在外公的协调下，政治组的几位副组长分工明确，如许宝骙同志是位办事很仔细的人，就负责审查稿件；与李宗仁渊源深厚的程思远同志负责处理桂系史料；李平衡同志与众多中共和民主党派同志都很熟悉，便负责收集两次国共合作和民主党派史料等。工作一时搞得有声有色，多次得到全国政协领导同志的褒扬，负责这方面工作的全国政协副主席王首道同志曾亲自致函外公表示感谢。

外公抓文史工作，不是简单地汇集资料，而是注重在去伪存真的基础上加强研究。他当时主持开展了许多文史专题的征集和研究工作，都大有成效。如北平和平解放专题，大家通过反复分析、研究，将当时蒋介石、傅作义以及各派系军队的状态，北平各界的想法和情绪，国民党特务机关的活动，中共地下党的工作等作了广泛收集、筛查，形成了完整真实的历史画面，成为今天我们了解、研究那段历史的宝贵财富。外公特别注重文史资料的真实性，他常说一句话："史料是没有蜡的艺术品。"起初我不懂其中含义，后来才知道典出古希腊史。公元前146年，罗马征服希腊商业中心城市柯林斯后，命令沦为奴隶的希腊人将其珍贵的艺术品统统送往罗马。无力抗拒又不甘屈服的希腊人悄悄地将艺术品的关键部位敲碎，再用蜡补上蒙混过关。罗马人发觉后大为恼怒，严令希腊人必须送交没有蜡的艺术品。后来拉丁文中"没有蜡"一词，便成为"忠诚""不掺假"的意思了。

1981 年夏，外公与祖父郑洞国先生（右）同在北戴河休养。

外公和祖父终生是挚友。两人一文一武，性格差别很大。外公性情明达开朗、谈吐不凡，祖父则果毅沉稳、寡言慎行。但两人交往几十年，如鱼得水，彼此相知甚深。以后做了儿女亲家，往来更加密切。这次来到北戴河，住在同一栋别墅内，朝夕相处十余日，两位老人心情都格外高兴。

1982 年 5 月，外公与大表哥宋承建（后左二）、原大表嫂叶乃文（后左一）、二表哥吴刚（后中）、小表弟涛涛（后右二）、胞弟郑耀邦（后右一），摄于北京西城西铁匠胡同家中庭院。

1983 年夏，外公与祖父郑洞国先生摄于庐山。

　　两位老人随全国政协暑期休养团又一次同到这个名闻遐迩的避暑胜地休养，心情真是愉快！

外公外婆 1984 年春节期间在木樨地新居合影

　　外公外婆住了几十年的四合院年久失修，加上受到 1976 年唐山大地震影响，个别房屋已成危房。1983 年冬，在全国政协的关怀下，外公外婆迁入位于北京木樨地的部长楼新居。

　　新的居所宽敞明亮，交通亦方便。特别让外公高兴的是，住在楼房有暖气，免除了外婆冬天烧火炉的重负。

外公外婆在木樨地新居客厅与父亲郑安飞（后左三）、母亲焦俊保（后左四）、大姨焦鼎文（后左一）、

大姨父宋光炜（后左二）、三姨焦景文（后右一）、三姨父吴鸿寿（后右二）合影。

　　1984 年春节，母亲焦俊保（右）与大姨妈焦鼎文（中）、三姨妈焦景文（左）三姐妹在外公外婆的新居客厅合影。

1985 年冬，父亲郑安飞（后右一）、母亲焦俊保（前右一），与大姨妈焦鼎文（前右二）、大姨父宋光炜（前左二）、三姨妈焦景文（前左一）、三姨父吴鸿寿（后左一）、大舅焦国杰（后左二）、小舅焦国新（后右二）在祖父家中合影。

1986 年初，外公外婆与小舅焦国新、小舅妈张薇摄于北京木樨地寓所。

1986 年春节，祖父郑洞国先生在家中与外公（右）亲切交谈。

　　祖父居所也在木樨地，与外公住处近在咫尺。两位亲家好友，得以经常欢聚畅谈。

1987 年 9 月，母亲焦俊保与大姨妈焦鼎文（右一）、三姨妈焦景文（左一）摄于祖父家中。

外公在木樨地家中，与时任国务院参事室副主任的老友吕德润同志亲切交谈。

　　抗战时期，外公先后任中国远征军、中国驻印军驻印度加尔各答办事处主任，吕德润同志任《大公报》驻印缅前线特派记者，两人工作时有交集，成了十分要好的朋友。

外公晚年像（摄于 20 世纪 80 年代中期）

外公不幸因糖尿病并发症于 1987 年 9 月 4 日在北京病逝，享年 88 岁。生前担任全国政协常委、民革中央监察委员会副主席。

外公去世前的一两年，身体已不太好了，进出医院是常事。最后一次入院的病因是腹泻，本已痊愈准备出院了，然而病情却急转直下，终告不治。

外公病危时，大姨妈焦鼎文夫妇尚在美国，当时大姨父宋光炜担任国际货币基金组织（IMF）中方执董顾问，大姨妈焦鼎文作为家属一同在美生活、工作。闻悉外公病危，他们焦虑万分，恨不得马上赶回国内，但适逢国际货币基金组织要召开一次重要会议，大姨父宋光炜作为中方执董顾问无论如何不能分身。中方领导经慎重考虑，最后批准大姨妈焦鼎文一人回国探视。谁知返程搭乘日航航班，又因故误了转机时间，几经周折才赶回北京。大姨妈心急如焚地走进外公的病房时，老人家已经奄奄一息了。大姨妈俯在外公耳边轻轻呼唤："爸，我是鼎文，我回来看您了！"外公努力睁开眼睛，望着大女儿熟悉的面容，脸上呈现出一丝欣慰的笑容。少顷，又用很轻微的声音问道："他？"大姨妈明白，外公在惦念着自己的大女婿，连忙诉说了大姨父因公务不能回国的缘由，外公闻言轻轻地点点头，不再言语了。两天以后，外公带着对亲人们的无限眷恋，与世长辞了！

外公去世 30 余年了，我们对他的思念始终未曾稍减。如果外公还在，今年应是120 岁了。这个集子的出版，算是我们这些后辈对他老人家的最好怀念吧！

在外公遗体送别仪式上，时任中共中央政治局委员、中央书记处书记的习仲勋同志（右）等党和国家领导人亲切慰问外婆和她的亲属们。

建国初期，外公担任国务院法律法规编纂委员会副主任，在习仲勋同志直接领导下工作了六七年时间。

1990 年初，三姨父吴鸿寿公出来京时，与外婆合影。

　　1998年夏，侨居德国的表姐吴燕（右一，三姨妈焦景文之女）回国探亲返程经过北京，特地看望年迈的外婆（左二）并辞行。表弟吴敏（左一，三姨妈焦景文次子）也同行赴德国深造。右二为表姐吴燕之子刘文畅。

2002 年春节，我（前右）和太太胡耀平携女儿琳琳、侄儿佳佳给外婆拜年时合影。

2003年3月下旬，在料理完外婆的后事后，母亲焦俊保（右）与大姨妈焦鼎文（左）、三姨妈焦景文（中）三姐妹在家中合影。

外婆是3月24日这天病逝的，享年95岁。

外婆从生病住院到辞世仅三天，走得很安详。按旧时说法，算是福寿双归了。

送别之日，外婆在国内的所有儿女和孙辈几十人，天南海北，齐聚北京，用最真挚的感情和最庄严的仪式，完成了老人家漫漫人生的完满结局。

外婆走了，留给我们的，是永远温馨的怀念！

母亲身后那些雄武的狮虎画作，都是她的得意之作。

　　母亲焦俊保退休后攻习丹青自娱，颇有收获。父亲郑安飞 1998 年春去世后，母亲把更多的时光用在绘画上。也许生活在将门之家，母亲虽初时师从张大千先生入室弟子张正雍女士，习花卉草虫，后来却喜绘狮虎。

2008 年，母亲焦俊保（右一）、三姨妈焦景文（右二）、大姨妈焦鼎文（中）、
大舅焦国杰（左二）、小舅焦国新（左一）在北京的一次聚会上合影。

这是母亲他们兄弟姐妹五人留给我们的最后一帧团圆照。两年后，大舅因患癌症病逝。

自幼时起，在我的印象里，大舅焦国杰就是一位活泼开朗、为人豁达、举止帅气
的美男子。尤其是大舅年轻时擅长男高音，他的声乐水平已经很难用业余水平形容了。
我们这些表兄弟姐妹，从小都与大舅十分亲近。

遗憾的是，大舅妈吴履仁十多年前就去世了，大舅强忍丧妻之痛，把全部心思用
到工作上。退休后，他与表弟涛涛一家三口毗邻而居，相互照料，生活倒也安乐。

2012 年 10 月，母亲焦俊保 82 周岁生日时所拍照片。

天有不测风云。2012 年春末，母亲焦俊保突然中风，虽经抢救挽回性命，却致半身瘫痪，还失去了语言功能。

母亲生来性子急，做事利落，命运偏偏如此安排，她内心的痛苦可想而知。幸亏家人和亲友们的悉心照料，使她的情绪逐渐安稳下来，身体状况也平顺了许多。胞弟郑耀邦已经退休，就担负起照料母亲日常生活起居的重任。

2014 年底，母亲焦俊保在海南三亚。

考虑到北京冬季寒冷，对身患脑血管疾病的老人不利，每年冬天，我们都要安排母亲赴海南三亚越冬，至今已历七载。

母亲一生经历了许多坎坷，晚年又罹患这样的疾病，我们深感有责任照料好她。

三姨妈焦景文（右）与母亲

　　母亲焦俊保患病后，大姨妈焦鼎文、三姨妈焦景文和小舅焦国新对她十分关爱，多方照料。特别是远在武汉的三姨妈焦景文自幼与母亲焦俊保形影不离，情感最为亲近，自然对自己的二姐格外关切。2015 年夏，年逾八旬的三姨妈焦景文亲自来京，看望并照料母亲焦俊保。

三姨妈焦景文（推轮椅者）与母亲在社区小憩

大姨妈焦鼎文（左）与我

　　大姨妈焦鼎文今年 93 岁高龄了，已经做了曾祖母，却仍然精神矍铄，才思敏捷。每每与这位老清华人聊天时，其知识功底之深厚、思维逻辑之缜密，真令我们这些后辈自叹弗如。

　　大姨父宋光炜不幸于 2013 年罹患癌症辞世，大姨妈焦鼎文痛失相濡以沫几十年的老伴，心情十分悲痛，在亲人们的劝慰下，许久才从悲哀的心境中走出来。现在 90 多岁高龄了，还能把自己的生活打理得有条不紊。老人家常常感叹道，我们这一代人看到了国家太多的不幸，经历了许多战乱和坎坷，晚年终于躬逢盛世，算是很幸福了。此生唯愿祖国不断走向富强！

大姨妈焦鼎文（前中）、母亲焦俊保（前右）、三姨妈焦景文（后）、小舅焦国新（前左）四姐弟在母亲住处合影。

2015 年夏，借着三姨妈焦景文来京看望、照料我们母亲之际，大姨妈焦鼎文、小舅焦国新夫妇、大表哥宋承建夫妇一起来到母亲住处团聚。

这是这个家族难得的聚会。自从 1925 年外公外婆结婚后，他们的家庭经历了 90 多年的风风雨雨。如今外公外婆和其他几位长辈离世了，但这个大家庭依然枝繁叶茂，生机勃勃。

外公外婆健在的儿女们多已进入老年，但外公外婆的第三代、第四代们却雨后春笋般地茁壮成长着，他们遍布天南海北、世界各地，其中有学者、教师、医生、记者、公务员、企业管理者、外企高管等。

外公外婆的血脉在后代们的身上延续着；外公外婆的期望，也在后代们的努力中实现着！

右起三姨妈焦景文、母亲焦俊保、大姨妈焦鼎文、小舅焦国新、小舅妈张薇、大表哥宋承建。

右起：母亲焦俊保、大姨妈焦鼎文、小舅焦国新、三姨妈焦景文。

大姨妈、三姨妈和母亲一起表演《小苹果》。

　　大姨妈焦鼎文（右一）、三姨妈焦景文（左一）和母亲焦俊保童真不减当年。欢快的聚会，让她们忘却了岁月的流逝，快乐地表演起《小苹果》。

　　她们的晚年是金灿灿的，由她们传承下来的这个大家族，更有着永远讲不完的故事！

爱国革命　矢志不渝
——纪念焦实斋先生诞辰 100 周年

郑建邦

　　1999 年是我敬爱的外祖父，已故全国政协常委、民革中央监察委员会副主席焦实斋先生诞辰 100 周年。作为后辈，回顾祖国一个世纪以来所经历的艰难曲折历程，缅怀外祖父一生爱国革命、矢志不渝的人生道路，不禁心潮起伏，感慨良深。应《团结》杂志社编辑部之约，谨以拙文，表达我对外祖父的深切怀念！

追求进步　投身革命

　　1899 年 12 月，外祖父出生在河北省井陉县的一个士绅家庭。他幼年时，家道中落，在亲友资助下才读完中学。1919 年考入北京高等师范，攻读英语专业。1923 年，他以优异的成绩毕业后，被推荐到北洋政府交通部所属天津扶轮中学教书，稍后即加入了由高仁山、周恩来等创建的爱国青年组织新中学会，次年又参加了中国国民党。作为国民党左翼组织新中革命青年社的骨干分子，外祖父在以李大钊为首国民党北方执行部领导下，积极投身反帝、反军阀的革命斗争。由于国民党内部成分复杂，有些人并不赞成孙中山先生提出的"联俄、联共、扶助农工"三大政策。孙中山先生逝世后，谢持、林森、邹鲁、居正、张继等国民党中央中的右翼分子，于 1925 年 11 月跑到北京西山碧云寺孙中山先生灵前，召开所谓"国民党一届四中全会"，公然反对国共合作，通电要求解除共产党人在国民党中央任部长的职务，并开除国民党内共产党人的党籍。国民党北方执行部对这批人的分裂行径十分愤怒，立即组织有力反击，外祖父也积极参加了声讨西山会议派的活动，最后迫使他们灰溜溜地逃往上海。在国民党北方执行部内，包括外祖父在内的国民党左翼人士始终坚持与共产党人的合作，有力地推动了北方革命运动的发展。

当时京津一带是北洋军阀政府的统治中心，反动军阀极其残暴地镇压日益高涨的反帝爱国运动。外祖父以教员职业为掩护，在白色恐怖下秘密从事革命活动。他在天津日租界的家，是新中革命青年社的秘密据点之一，由他和外祖母金一清共同担任组织掩护任务。李大钊、高仁山等一批革命同志相继被敌人杀害后，国民党北方执行部和北京市党部均遭严重破坏，被迫在天津重新筹组，成立了国民党河北省党部，其主要负责人张清源就住在外祖父家中主持工作。作为省党部委员，外祖父受命从事青运工作。他利用自己在教育界的关系和影响，积极在天津各高等院校中发动师生，制造舆论，吸收骨干，发展组织，很短时间内便将工作开展得颇具声色。

外祖父还担任地下交通员工作，负责在天津、北京、广东（北伐后在武汉）三地传达消息。当时尚无电台，国民党中央的指示文件，除了以暗语发电报外，主要靠专人从海路送至天津，交到外祖父手中，再用药水写在纸上，外祖母将其缝在鞋底里，由外祖父直接送到北京，同时将北京的请示带回天津转到南方。外祖父曾多次遭遇危险情况，因沉着冷静、处置果断，都幸免于难。

1927 年 5 月，新中革命青年社在北京缸瓦市的秘密据点，因叛徒告密而遭破坏，主持人包宗容被捕，旋被杀害，藏于此处的枪支弹药亦遭查获。事发的第二天清晨，外祖父带着武汉革命政府转来的一份紧急通知，恰由天津赶到北京。待行至缸瓦市时，他敏锐地感觉情况异常，立即销毁了文件，转移到一位朋友家中。待了解到据点被破坏的情况后，外祖父不顾敌人仍在城内大肆搜捕，冒着生命危险马上返回天津向组织上汇报。

刚正不阿　反蒋专制

1928 年 4 月，外祖父奉国民党中央之命前往南京，被北伐军总政训部代主任何思源任命为河北省战地党务特派员，随军北上。北伐军攻克京津后，他先后出任天津特别市教育局长、国民党天津特别市执委兼训练部长。次年 3 月又作为国民党天津特别市党部推选的四名代表之一，参加了在南京召开的国民党第三次代表大会。

年轻的外祖父第一次参加国民党的全国性会议，现实就让他大失所望。蒋介石为将大批国民党右派分子和他的亲信塞进国民党中央执委会，把持国民党政权中枢，便于实行独裁统治，竟规定会议代表不经选举，而由"中央"也就是他本人指派。外祖父当时虽然还不能从根本上体察蒋介石政权的反动本质，但他与国民党内一些左翼人士一样，对蒋介石专制独裁的行径感到非常不满，当即与童冠贤、马洗繁、何思源等 20 余位代表，愤然退出了会场。

两个月后蒋介石北上视察路过天津时，国民党天津特别市党部无一人去火车站迎接，使蒋颇为难堪。蒋到了北平，在北京饭店召见天津党部全体执委，以示笼络。外祖父等人并不买账。那天蒋出来会面时，众人都不起立，也不说话，场面极为尴尬。蒋强忍着怒气，好像牙疼似的"嗯嗯"两声，摆摆手让大家回去了。事后蒋还不死心，又派陈果夫去外祖父家中探望，企图私下拉拢他。外祖父事先得到消息，避而不见。蒋介石大为恼火，知道这些人终不肯对他俯首帖耳，回到南京便以"极不忠于党国"为由，将原来的执委全部撤职，外祖父从此脱离了国民党。

以后很长一段时间，由于外祖父头上戴着"反蒋"的帽子，各方都不敢聘用，以致连维持家庭生计都成了问题，几经周折才得以重返教育界，先后担任北平民国大学教务长、河北省立北平中学校长等职，直至抗日战争爆发。

舍家纾难　投笔从戎

1937 年卢沟桥事变发生后，抗日战争全面爆发。外祖父有感于国家民族已到生死存亡之关头，抛下妻子儿女，谢绝了后方朋友的高薪聘请，毅然投笔从戎，随国民党第52军开赴前线，从事抗日宣传工作，先后参加了保定战役、漳河战役、台儿庄战役等。其时，外祖母住在北平，平津失陷后，因汉奸告密，外祖母只好丢弃全部家当，带着四个儿女秘密出逃。行至四川剑阁时，为躲避日军轰炸，外祖母和四个儿女分别搭乘一队运货的汽车于夜间赶路。由于山高路险，视野不清，我母亲和舅父所乘汽车不慎堕入山涧，车上其他人非死即伤，他们兄妹却侥幸基本无恙。待外祖母赶到时，目睹车毁人亡的惨景，抱着一对年幼的儿女不禁失声痛哭。他们历尽千辛万苦，转辗数千里才到达大后方重庆。

1939年，外祖父赴英国牛津大学留学，研究国际政治。身在异国他乡，他不仅关心世界反法西斯战争的形势，而且密切关注国内抗战情况。其间他在国外报刊上发表了大量文章，介绍和评论中国军民的抗战业绩，国内和东南亚地区的报刊争相转载。

1941年12月太平洋战争爆发后，外祖父乘英国海轮回国。行至大西洋时，突遭德国纳粹潜艇袭击，轮船沉没，外祖父在海面上一直漂浮了七个多小时，幸被英国皇家海军救起。

回国后，外祖父应其好友、中国远征军副总司令杜聿明和中国驻印军副总指挥郑洞国之邀，先后出任中国远征军和中国驻印军加尔各答办事处主任等职务，负责与英美盟军的联络工作，直至抗日战争胜利。

奔走和平　助傅起义

抗战胜利后，外祖父高兴地接受杜聿明之邀，就任东北保安司令长官部总顾问、东北中正大学教授兼教务长。但是，无情的现实再次让他大失所望。东北国统区与国民党其他统治区域一样，贪污腐败横行，人民怨声载道；在人民解放军的沉重打击下，军事上接连失利，局面日非。他不愿做这个腐败没落政权的殉葬品，毅然辞去了在东北的一切职务，于1948年元月回到北平，担任北平师范大学教授兼教务长。

同年仲夏的一天，外祖父正与何思源等老友在西来顺相聚，忽闻报载南京专电：原国民党北平市党部主任委员吴铸人辞职，任命焦实斋为国民党北平市党部主任委员。面对老友们的探询，外祖父断然回答："这是老蒋惯用的手法。我早已脱离了国民党，绝不去就职！"

此后，国民党北平市党部转来的文电，他一概拒收；市党部来人请他到任，他也严词拒绝，搞得南京政府下不来台。这年 10 月，蒋介石飞抵北平，将外祖父召至圆恩寺行辕驻地会面。外祖父抱定决不与蒋政权同流合污的信念，不亢不卑，沉着应付，蒋介石无可奈何，只得悻悻地结束了这次徒劳的会见。回到家中，外祖父将 20 多年来两次见蒋的情形作了比较，诙谐地对外祖母说："大不如前，大不如前了！连他哼哼的声音也失去了往日的威风。"

外祖父与傅作义将军是多年相知的好友。早在 1928 年，傅任天津警备司令，外祖父任国民党天津特别市党部执委兼训练部长时，两人因工作关系经常接触，建立了深厚的友谊。以后虽然彼此天各一方，但一直声气相通。1948 年冬，北平已处于人民解放的包围之中。傅作义将军时任国民党华北"剿总"总司令。报端发表任命外祖父为国民党北平市党部主委的消息后，傅将军特地邀外祖父单独会面，探询他的态度。外祖父幽默地说："我这个国民党党员早在 20 年前就被老蒋开除了，现在又拉我出来做什么市党部主委，岂非天大笑话？"接着又绘声绘色地向傅描述在圆恩寺行辕见蒋时的情景，引得傅将军大笑不止。临别时，傅将军意味深长地说："蕴华（外祖父原名），蒋请你，你可以不出山。不过我如果有难处，你还要鼎力相助啊！"不久，傅即正式提出要外祖父担任华北"剿总"副秘书长，代行已借故逃离北平的原秘书长郑道儒留下的各种事务。开始外祖父还是表示不愿再涉足国民党官场，傅将军恳言："北平已处于生死攸关之际，为使二百万市民免遭涂炭，我们一定要共同维持局面，设法寻找出路。"从傅的言谈中，外祖父体察出他停止内战、谋求和平的心迹，思考再三，终于接受了这项使命。

在当时严峻的形势下，北平旧政权机器已处于半瘫痪状态。为保证广大市民正常生活，外祖父不辞辛劳，联系民意机构、社会团体，落实教育经费，事必躬亲，从到任之日起便夜以继日地处理庞杂烦琐的政务。这期间，他还受傅将军委托，多次召开北平教授名流座谈会，听取各方对时局的意见，举办各界人士报告会，亲自发表演讲，含蓄地向社会各界转达傅将军意欲求和的想法。

随着形势的发展，北平城内各界民众要求和平的呼声不断高涨。根据傅将军的提示，外祖父加强同何思源等主张和平的人士的联系，支持他们的和平主张和行动。其间北平各界代表几次出城与解放军接触，外祖父奉命具体安排代表们的行动时间、路线、通关办法等，因工作周到细致，确保了代表们的人身安全。

在光明即将到来之即，北平城内的反动势力也进行着垂死挣扎。1949 年 1 月 18 日晨，军统特务竟在何思源先生的住宅放置炸弹，何先生和几位家人均被炸伤，他的一位女儿不幸遇难。不久又发生了军统特务在南池子附近向傅将军的政工处长王克俊开枪的事件。

外祖父居住的西铁匠胡同附近，也时常有些身份不明的人游荡。外祖父对这些鸡鸣狗盗之徒根本不屑一顾，为避免累及家人，他干脆搬进了中南海的"华北总部"，把全部身心都放到北平和平解放的工作中去。

在北平解放即将到来之际，傅将军委托外祖父邀请许德珩、徐悲鸿、朱光潜、周炳琳等 20 余位知识界名流，在中南海勤政殿举行了一次别开生面的聚餐会，傅将军出席讲话，通报自己的和平主张，并征询学者们的意见。席间，许多人士慷慨陈辞，认为内战已给人民造成巨大痛苦，实现和平是当前的唯一前途，保护千年古都更是民族义举。傅将军听后十分高兴地引用汉代政治家荀悦的话："不闻大论，则志不宏；不听至言，则心不固。"几天之后，几经谈判的《关于和平解放北平问题的协议》正式签署，古都北平终于宣告和平解放了！

北平和平解放后，成立了由叶剑英同志领导的北平联合办事处，负责和平移交的全部工作。中共方面有陶铸、徐冰、戎子和三位代表，傅方则由郭宗汾、焦实斋、周北峰三人担任代表。外祖父负责北平行政、财经、文教等方面的移交工作。由于双方坦诚相待、配合默契，经近三个月紧张有序的工作，北平各项移交顺利完成。

同舟共进　矢志不渝

北平联合办事处的工作结束后，经周恩来同志安排，外祖父在华北人民革命大学学习，结业后分配在政务院工作，历任政务院参事、国务院法规编纂委员会副主任等职，1954年起还荣任第二、三、四届全国政协委员。外祖父目睹新中国的巨大变化，更加坚定了跟着共产党走社会主义道路的信心和决心。他几十年如一日，工作认真负责、勤奋努力，受到党内外同志的广泛好评。尽管前进的道路并不平坦，我们国家在社会主义革命和建设事业中也经历了一些曲折，但外祖父从未动摇过对共产党和社会主义事业的信念。十年浩劫中，他受到冲击，一度失去人身自由，但即使在最困难的时刻，他仍坚信自己后半生的抉择是正确的，坚信党和政府最终能渡过难关。

粉碎"四人帮"后，外祖父心情舒畅，精神振奋，竭诚拥护中共十一届三中全会的路线、方针、政策，不顾年高体弱，重新忘我地投入到工作中。其间他先后担任第五、六届全国政协常委，同时还担任第五、六届民革中央常委，中央宣传部部长兼《团结报》社社长，民革中央孙中山研究会会长。1987年9月4日，外祖父病逝北京，走完了八十八年的人生道路。

外祖父的一生，经历了中国近代史上不同的历史时期。作为一位热诚的爱国者，他历经坎坷，却始终追求真理，与时俱进，在中国共产党的教育和领导下，完成了从爱国主义到社会主义的历程，这是他老人家生前深深引为自豪的事情，也使我们后辈从中汲取了许多教益。在改革开放和社会主义建设的新时期，老一辈们爱国革命、矢志不渝的奉献精神，仍然是我学习的榜样！

〔此文发表于民革中央《团结》杂志1999年第四期，
发表时有删节。〕

忆外婆

郑建邦

外婆姓金，祖先是几百年前发祥于白山黑水之间、后以铁骑定鼎中原的满族镶黄旗的骁勇战士。

外婆的家世曾经很显赫，她的祖父做过一镇清军的统领，祖母精通诗书，擅用双手同时书写福寿两字，据闻还在宫中陪侍过慈禧太后。到了外婆父亲一代，家道迅速中落。外婆小小年纪便被迫辍学，帮衬着母亲，靠养鸡、卖鸡蛋来维持生计。及年龄稍长，外婆进入一家德国人开办的医院做护士，生活才稍有保障。这时，从河北井陉农村来北京高等师范读书的外祖父已毕业工作，经人做媒，说定了这桩满汉间的姻缘。亲事确定之后，女方家人大概出于维系没落贵族尊严的考虑，曾郑重其事地提出了一个条件，即新婚之日，男方必须用四匹马拉的车来迎娶新娘，外公当即满口答应。谁知迎亲那天，外婆娘家门外却只有孤零零的一匹马。事已至此，年轻貌美的外婆也只好将就着随车而去，从此为外公生儿育女，共相厮守了一生。这件事成了儿孙们后来调侃外婆的永久性话题。我小时候也曾冒失地询问过此事，外婆倒不生气，只是淡淡地笑道："你外公书读得好啊，一毕业月薪就120块光洋，那时候能买四十袋洋面呢！"这大概是我最早受到的"书中自有颜如玉"的教育。

外婆文化程度不高，一生中的绝大部分时间都是做家庭主妇，但性情刚烈，意志格外坚强，丝毫不让须眉，或许也是她那些孔武善战的祖先们的血脉传承吧。

我幼时怕鬼，一次扯着外婆的衣襟胆怯地问："夜里睡觉鬼来了怎么办？"

"世上没有鬼。"外婆简洁地说。

"那万一有鬼呢？"我又执着地问。

"我会狠狠地打他！"这便是外婆的性格。

20 世纪 20 年代初，外公作为国民党北方特别党部的重要骨干，长期从事国民党中央与北方特别党部之间的秘密交通员工作。他和外婆在天津的家，也是国民党组织的秘密联络站，甚至一度成为北方国民党组织的秘密首脑机关。当时的北洋军阀统治极为残暴，革命党人一旦被捕，即被残忍处死，李大钊同志等的牺牲便是如此。外公在执行任务时，也几度遇险。但外婆毫不胆怯，全力支持着外公的革命活动。

抗日战争爆发后，外公毅然放弃优渥的教授生涯，投笔从戎，随军从事抗日宣传鼓动工作，外婆和孩子们则滞居北平。不久即被汉奸告密，指为"抗属"。外婆只好带着孩子们弃家秘密出逃。在那兵荒马乱的年代里，一个女人独自带着四个年幼的儿女，冒着枪林弹雨，穿越广阔的沦陷区，逃往几千公里外的大后方，需要多大勇气？要经历多少艰辛？后辈恐怕永远无法得知。据母亲回忆，当时一家人为了躲避日机轰炸，曾分乘一队运货的卡车，趁着夜色在四川剑阁崎岖的蜀道上向陪都重庆艰难行进。不料，母亲和舅舅乘坐的卡车跌下山崖，仅有的一位坐在车箱货物上的旅客当场被摔死。他们兄妹因坐在驾驶室内，居然幸免于难，只是舅舅的一只耳朵被撕裂，几乎脱落。跌得满面是血的司机将兄妹俩抱出车外，便慌慌张张地逃走了，不久一群衣衫褴褛的山民呼啸而至，抢走了车上的货物。待外婆带着两个姨妈乘坐后面的车辆赶到时，母亲和舅舅正相依在路旁草丛中哭泣发抖。外婆见到一双儿女劫后余生，真是悲喜交集，但很快镇静下来，立即用当年在医院当护士时学得的本事将舅舅的伤耳消毒、复位、包扎，然后继续上路前行。

"文革"期间，外公受到冲击。一天，街道上的"红卫兵"来家中现场批斗外公夫妇。尽管上边有指示，"要文斗，不要武斗"。但这并不妨碍"红卫兵"们用咒骂和唾沫羞辱两位老人。站在院落台阶上的外婆毫不示弱，竟然回唾对方。由于站的地势较高，外婆在这场荒唐滑稽的唾液混战中居然并不处于下风。后来亲友们知道了此事，都吓得要死。那时触犯红卫兵，就是触犯天条，后果不堪设想。恐怕也只有外婆才有这般胆量。

在我们眼中，外婆遇事刚强，做过大事的外公倒时常显现出几许脆弱。"文革"的混乱局面稍定，我和弟弟初次来到北京小住，临别向二老辞行时，外公思念远在东北、行动尚无完全自由的女儿、女婿，也舍不得年幼的外孙们离别，一直送到门外，久久拥抱、亲吻着我们，苍老的脸颊上热泪长流。外婆却仅将一大包猪油和自己亲手腌制的腊肉递过来，简单地叮嘱了几句话，挥挥手便又回到厨房忙碌去了，仿佛这只是一个极平常的分别。实际上，外婆为了购买、烹制这些当时十分紧缺的食品，那些天不知花费了多少工夫！

我们这些孙辈小时候都惧怕外婆，她也绝少将慈爱浮在脸上。不过，外婆平日对晚辈的管教固然严厉，倒是独具风格。20世纪70年代初，中苏关系紧张，举国上下准备战争。连外婆家的四合院里也挖起了防空洞，把这个原本整齐、雅致的院落，搞得沟壑纵横、面目皆非。尽管按现代军事科学的标准，那个浅浅的防空洞根本不具备多少防护功能，但对我们这些孩子来说，可比鲁迅先生笔下的百草园有趣得多了。只要外婆不留神，我们兄弟几人便在洞中爬进爬出，其乐无穷。一天我们照例钻进洞中，小表弟伏在洞口，模仿电影《地道战》中的伪军，朝里面大呼小叫："八路弟兄们，你们出来吧！皇军大大的优待！"洞中的"八路"自然不肯示弱，顿时一阵石头、土块飞出。小表弟把手中的玩具步枪一扔，顺势在地上滚将起来："你们快来呀，土八路抢我枪了！土八路抢——"听到洞外声音戛然而止，我们担心情况有异，披着满身灰土赶紧爬出洞来，却都一下子僵在那里。原来外婆倒提着扫帚，正站在北屋的台阶上，朝着我们怒目而视。接着自然便是例行的"家法"伺候，兄弟几人撅起屁股，每人被外婆按年龄长幼结结实实地抽打几下不等。年龄大的多打，小的少打，颇有"首恶严惩，胁从从宽"的政策尺度。据说这套办法从母亲她们小时候就一直沿用下来了。我们对外婆的这些惩戒原则倒能心悦诚服地接受。因为外婆在分配食物时，也是年龄大的多给，小的少给。理由很简单：年龄小的，将来吃东西的机会多着哩。

我们小时候因为闯祸被外婆教训是家常便饭，但偶尔也有例外。小舅舅年纪略长我们几岁，从小性情温驯。平时一起嬉闹，不仅全无舅甥长幼之分，有时甥侄辈们还合起来欺负舅舅，几次惹得舅舅大哭。起初我们很紧张，心想这回屁股又要挨板子了。岂知外婆闻声赶来，却只责备小舅舅一人："你还是舅舅呢，怎么这么没用，还好意思在外甥们面前哭呢！"

在我的印象里，外婆似乎并不过分同情弱者，更不鼓励我们去做弱者。即使在"文革"年代，我们这些"狗崽子"在外面受到欺侮，她也不希望我们卑微顺从。

刚强无畏，敢于抗争，应是外婆一生的性格。

行文至此，就不能不说说外婆同外公的感情生活了。外婆的生活朴实无华，似乎永远缺少浪漫和时尚的情调。而曾留学英国牛津大学的外公却才华横溢、风流倜傥。彼此的志趣、爱好反差极大。但他们一生风雨同行，相濡以沫，确实又是生命相依。

外婆对外公几十年如一日，照料得精心细致。外公中年以后患有严重的糖尿病，晚年在"文革"中受迫害，又导致双腿不良于行，若非外婆精心呵护，恐怕很难活到 88 岁高龄。但外婆性情倔强，晚年脾气尤为暴躁，难免要让外公经受一些精神折磨。特别是外婆发起脾气，常常不顾忌儿孙们在场，颇使外公难堪。每逢此时，外公便采取"驼鸟政策"，以沉默相对，坐在桌旁慢悠悠地摆弄扑克牌。实在不行就只有外出躲避了。记得有一个冬日的下午，北京降下大雪，漫天皆白。我正陪着祖父在客厅谈笑，忽听到"笃笃"的敲门声。门开处，竟是外公踏雪而来。

"外公，这个天气您怎么出来了？"我边帮外公抖去身上的积雪，边诧异地问。

外公有些尴尬地笑笑，扬起手杖做射击状："我是来躲机关枪的。"

晚饭后，我送外公"打道回府"，以为一场"暴风雪"又会扑面而来。岂知外婆只是默默地扫掉外公身上的雪花，帮他除去大衣，捧上一杯热茶，便又忙碌别的事情了。

那时我真弄不懂外婆的脾气为何如此乖僻，而外公又为何一味迁就忍让。如今我也逾天命之年，才渐渐体会到老夫老妻之间，有些事情原本就是说不清道不白的。

外婆活了 95 岁，2003 年春病逝于北京。从生病住院到辞世仅 3 天，走得很安详。按旧时说法，算是福寿双归了。留给我们的，只是对外婆永远温馨的怀念。

2008 年夏于北京

后　记

郑建邦

　　出版这个集子，灵感源自我的三姨妈焦景文女士。2008年10月，远在武汉的三姨妈来京探亲期间，为方便家人缅怀以往与外公外婆一起生活的难忘岁月，把散落在兄弟姐妹处的家庭老照片集中收拢，整理成册。凝视着一张张发黄的老照片，又一次勾起了我对已逝去的外公外婆的深切思念，于是有了将这些珍贵的老照片结集出版的打算。这个想法立即引起了我的好朋友、央视网旅游频道"游天下"传媒马子砚总经理和她的先生苏蕤的强烈共鸣。作为老一辈民主人士的后代，他们与我一样，对这些承载着中国近代人文、历史的老照片，有着浓厚的兴趣。在他们大力支持下，出版这个集子的工作，便迅速提上了日程。

　　我最初的想法很简单，只是打算为每张照片配上简单的文字说明，出版一部类似纪念集式的图书。但马子砚总裁的朋友、人民文学出版社编辑刘稚小姐立即提出了异议。她认为，这些老照片相当珍贵，也保存得比较完整。应该将照片中主人公所处的时代背景、所反映的主人公的具体生活、工作经历，用文字尽可能详细地记录下来，形成一部生动的生活画面，以方便现在的人们深入了解我们祖国经历的那一段历史沧桑。对她的这些意见，我相当认同，但要我具体承担起这个责任，却又十分为难。因为我平时工作比较忙碌，很难集中精力在短期内完成这个写作任务。刘小姐却不因我的实际困难而丝毫让步。在这个倔强的湖南妹子面前，我只能选择服从。根据约定，我要力争在一个月内完成这部著作的全部文字工作。这时已是 2009 年的 5 月中旬了。

　　不久，我随周铁农副委员长去福建调研并参加海峡论坛。白天紧张工作之后，只能夜晚打起精神，突击撰写。以后，我又相继去内蒙古、辽宁、湖北、甘肃公出，照例是白天工作，晚间写作。记得 5 月 22 日那天，我由呼和浩特经赤峰飞往大连。由于气候原因，飞机被迫中途返航，这次航班也随即取消，我只能取道天津前往。那天下午在天津周水子机场中转候机，一等就是 4 个小时，这对于身在旅途的人来说，应该是很烦闷的事情了。我却毫无这样的感觉，一直全神贯注地在笔记本键盘上敲击，若非机场工作人员提醒，几乎错过了登机时间。这样经过十余日的奋斗，终于完成了这部书籍的全部文字工作。至此，我总算长长地舒了一口气。但是，我必须强调，限于我的能力、水平，加上时间紧迫，书中文字肯定有不少疏漏和错误，敬请广大读者朋友批评指正！

　　最后，我要衷心地感谢全国人大常委会副委员长、民革中央主席周铁农同志，在百忙中拨冗为本书题写书名；衷心感谢我的三姨妈焦景文女士和诸位长辈，为搜集、整理书中的老照片所付出的辛勤劳动；衷心感谢马子砚总经理和她的先生苏葳，以及人民文学出版社编辑刘稚小姐，为出版此书所提供的大力支持！

2009 年 5 月 28 日